高等院校艺术设计专业系列教材
"互联网+"新形态立体化教学资源特色教材

设计色彩

Design Color

于历莉 编著

中国轻工业出版社

图书在版编目（CIP）数据

设计色彩 / 于历莉编著. —北京：中国轻工业出版社，2023.9

ISBN 978-7-5184-3049-9

Ⅰ.①设… Ⅱ.①于… Ⅲ.①色彩学—高等学校—教材 Ⅳ.①J063

中国版本图书馆CIP数据核字（2020）第112922号

责任编辑：毛旭林 徐 琪　　责任终审：李建华　　整体设计：锋尚设计
策划编辑：徐 琪　　　　　　责任校对：朱燕春　　责任监印：张 可

出版发行：中国轻工业出版社（北京东长安街6号，邮编：100740）

印　　刷：艺堂印刷（天津）有限公司

经　　销：各地新华书店

版　　次：2023年9月第1版第3次印刷

开　　本：889×1194　1/20　印张：6

字　　数：150千字

书　　号：ISBN 978-7-5184-3049-9　定价：38.00元

邮购电话：010-65241695

发行电话：010-85119835　传真：85113293

网　　址：http://www.chlip.com.cn

Email：club@chlip.com.cn

如发现图书残缺请与我社邮购联系调换

231337J1C103ZBW

序 言
PREFACE

  任何一门知识,没有基础理论的研究,其所谓尖端科学也就成了无源之水、无本之木。在艺术领域,基础理论的研究也占有十分重要的地位,无论从事哪一门类艺术,都需要从基础开始,先懂得其基本特性、把握其基本规律,才能谈得上搞好这门艺术。色彩,是我们感知世界、认知世界最普及的审美形式,因为它直观,所以最先被人们感觉到。我们的祖先正是从对色彩感受开始了他们的视觉审美。

  即将出版的于历莉老师编著的《设计色彩》,就是在总结前人理论成果的基础上,结合个人多年的教学经验,写出了自己的特色和新意。本书从色彩艺术的特性出发,从多方面展开阐释。我们知道,掌握和提高色彩艺术既不单单是一些色彩的知识,也不单单是一些使用的技术法则。它涉及美学、心理学、民俗学、光学、化学、材料学以及文化理念、创作风格、艺术流派等诸多因素。作者在色彩学这个庞大的系统中,梳理出她认为最能体现本教材要义,并能解释、认知色彩知识的精髓和理论依据。

  艺术当随时代,艺术教育需要紧密结合社会的变革,反映时代艺术审美的新方向。美术专业教材的编写应结合对艺术的现代性的研究,反映时代需求下艺术观念的更新,反映现代艺术表现形式的拓展。本书在这些方面进行了有益的探索。高校美术专业课程设置中的色彩静物写生,是新生入学接触的首轮色彩课程,在基础教学中占有重要的地位,要为以后的专业教学奠定基础。面对不同专业的学生,既要遵从规则,阐明色彩学的基础理论知识,帮助学生建立对审美原则的理性认识;又要结合教学实践的具体情况,在遵循艺术本体规律的基础上,有所突破和创新,将艺术思维和设计创新的理念融入每一个课题的日常教学当中。作为艺术类各专业的色彩基础课教材，本书在编写时兼顾了美术学专业和艺术设计专业的共同需要，既有对现代色彩形式语言的分析，也有对设计创意思维的启迪，做到了艺术理论与实践、学科基础与专业方向的有机结合。

　　本书采用图文并茂的形式，筛选出现代美术发展历史中著名画家的经典作品，既阐释了本书的文字内容，又可作为艺术图册欣赏，能够开阔视野、提高艺术修养。尽管作者在书中所选学生作品略显生涩稚嫩、不尽完善，但在不拘一格的表现形式中，显示出鲜活的生气、蕴含着丰富的创造力，反映出作者在美术基础教学方面多年探索和改革的成果。对有志于提高自己的色彩知识和艺术修养的求知者来说，本书确实是一本有价值的书。希望本书的出版，对高校艺术类专学生和艺术爱好者系统学习色彩知识，有所裨益与启示。

刘雷
2019.1.1

　　教材前期初稿是作者承担的 2016 山东省艺术教育专项课题"基于创意思维训练的设计色彩写生课程教学研究"结题研究成果，本课题成果获 2019 年度山东省艺术科学重点课题——山东省艺术教育专项课题优秀成果一等奖。书稿经多次整理完善，终于付梓出版。成书之际，首先感谢济南大学美术与设计学院前院长刘雷教授为本书作序，并对书稿内容提出了宝贵的修改意见；感谢美术系主任李甲老师，设计系姬长武老师、袁静老师、王悦梅老师、张丽丽老师、张盈泓老师为本书提供的优秀学生作品；感谢同事和同学们为本书撰写与出版提供的帮助支持。另外，在编写过程中使用了大量的图片资料作为色彩理论讲述的直观注解，在此，感谢互联网各艺术网站提供的大量高清图片，如涉及版权归属，敬请联系笔者。

　　在当代的中国，随着科技进步和社会文化生活的多元化发展，培养创新型人才成为高校人才培养的重要方向。在高等美术院校中，不论是美术类专业的实验性艺术教学课程，还是设计类专业的设计基础课程，都对传统的色彩写生方式进行了教学改革。有关现代色彩教学理论研究的教材、专著和学术论文日渐丰富。

　　本次编著的《设计色彩》一书在总结以往理论成果的基础上，尝试从现代色彩学的理论知识出发，注重通过对色彩表现的多样化训练，培养学生的创新意识。从总结归纳色彩学理论入手，构建提纲框架。结合现代教育对创新型人才的培养要求，以"色彩的表现与创新"整合课程的价值结点，确定教学训练目标。本书系统论述了色彩原理、色彩表现特征、色彩表现形式、色彩表现方法等色彩学专业知识，构建关于色彩表现的整体性认识，注重对色彩形式语言的分析，针对创意思维训练进行系统化的教学研究。

在章节的编排上，本着以色彩知觉感受和理性分析来共同指导教学实践的原则，基于学生的认知经验编排教学内容的前后顺序。在各章节中，结合理论知识点，插入了著名的近现代艺术家的代表作品进行评鉴分析。希望通过对色彩理论的梳理与写生实践训练相结合，帮助学生分析色彩现象、确立审美标准、拓展创意思维、开阔艺术视野。

　　书稿中不足之处敬请读者和同仁们批评指正。

于历莉

2020.4.20

目 录 CONTENTS

第一章　设计色彩概述

第一节　设计色彩的概念与范畴……………001
第二节　设计色彩的兴起与发展……………003

第二章　色彩基础知识

第一节　色彩物理学原理……………………012
第二节　色彩的分类…………………………017
第三节　色彩的混合…………………………018

第三章　设计色彩写生的创意表现

第一节　设计色彩写生的工具和材料………021
第二节　设计色彩写生的方法步骤…………024
第三节　色彩创新意识的训练方法…………028

第四章　色彩表现语言的形式要素

第一节　画面构图 040
第二节　画面形态 045
第三节　色彩表现 050

第五章　设计色彩的借鉴与应用

第一节　设计色彩的借鉴 062
第二节　设计色彩的应用 076

第六章　学生写生作品赏析

参考文献 112

第一章 设计色彩概述

PPT 课件,
请扫码阅读

◁ 本章知识点

设计色彩的概念与范畴
现代色彩艺术实践的发展
色彩理论与色彩学研究的发展
设计色彩写生的意义与目的

◁ 学习目标

通过本章的学习,了解设计色彩写生的基本概念,以及现代色彩艺术风格与审美追求的演变,了解设计色彩写生的审美评价标准。

第一节 设计色彩的概念与范畴

一、设计色彩的概念

我国美术专业传统的色彩写生训练主要以19世纪印象主义色彩理论为基础,要求在画面中以准确的色彩感受,忠实再现物象的自然色彩及光影关系,注重描绘光源色、固有色、环境色的相互影响,再现完整的色彩环境,强调画面色彩的整体性色彩关系。简言之,要画得"肖似"对象的自然外观。而设计色彩写生的画法立足于画面的主观表现,不以再现对象的自然色彩为目的,在

画面的安排中，通过对写生物体的光影归纳、变形、变色、打散重构等方法组织画面，进行创意性表现和设计训练。

自21世纪初期以来，随着艺术类专业的建设和发展，各大美术院校相继在色彩写生课程中开设了不同于传统写实性绘画的、以归纳表现为主要绘画方式的设计色彩写生课程，也被称为装饰色彩写生、色彩归纳写生等。设计色彩教学是针对艺术设计类专业开设的基础训练课程，要求摆脱对物象外观色彩的被动模仿，通过对物象色彩进行归纳和概括，主动把握画面的色调关系，探索色彩表现的多样性，启发学生对色彩的感性认知和理性应用，培养色彩语言的表现能力，为在后续的专业设计课程中应用色彩进行创意设计做准备。

二、设计色彩艺术的范畴

设计色彩训练的课程内容主要包括三个方面：一是现代绘画色彩理论知识的学习；二是设计色彩写生的方法；三是画面表现形式的研究。这三方面内容在课程学习的过程中并不是孤立存在的，而是结合各项专项练习进行有机地整合，渗透到绘画实践练习中，以理论指导实践，以实践提高认识，促进学生艺术个性的发展。

设计色彩写生的题材可以是静物，也可以是风景和人物，但在教学实践中，由于基础课课时的限制，一般以静物写生为主。

三、学习设计色彩写生的意义与目的

设计色彩写生课程的主要目的是：以自然形色为依托，以意取像、以艺造像，锻炼驾驭色彩、表现主观意象的能力；培养主动组织画面的设计能力和创意能力，摆脱传统写实绘画的局限与束缚，开阔审美视野，拓展艺术表现力；从服务于创意表现的角度来研究色彩，对色彩既要有感性知觉，又要有理性认识；在技术层面，要求通过归纳和简化色彩涂层，获得适宜批量化印刷、制造、数字媒体成像的配色方案；在艺术层面，要求以个性化的色彩语言，达成对当代审美情境的主观表现。因此，设计色彩写生从画面效果呈现到审美评判标准都有不同于传统色彩写生的新要求：

① 设计色彩写生注重绘画过程中的创新与表现，不以画得像不像、准不准为评价标准，可以使用变形、扭曲、解构、重叠、夸张、变色、换色、概括简化等方法，对自然形态进行艺术加工。在对照静物写生时，要预先设计、构思，要有一个对最终画面效果的预期，明确创作方向，而不是被动的照对象描摹。

② 设计色彩写生注重最终画面效果的完善与和谐，通过适当的简化和提炼，在简洁中求秩序，在平衡中求和谐。通过对画面构图、形态、色彩结构、肌理效果的主动把握，简化空间色层，使画面形成简明有力的色彩秩序。

第二节　设计色彩的兴起与发展

一、设计色彩的兴起

20世纪80年代以来，中国在高等美术教育体系中陆续开设了各类艺术设计专业，培养视觉传达设计、环境艺术设计、工业产品设计、服装艺术设计等方面的应用型美术设计人才。基于专业培养方向的要求，对设计专业的学生有着不同于纯美术专业的基础训练需要，那就是不以是否画得像与不像作为评判标准，而是强调画面的秩序、理性、单纯、简洁，在适于批量复制的前提下，注重视觉传达的画面形式感和表现力。在基础训练教学中开设三大构成、装饰色彩写生、图案设计等课程，强化对视觉形象的理性分析和设计创意能力的培养。在此基础上，逐渐出现了以归纳表现为基本形式的设计色彩写生课程。

二、设计色彩艺术的发展

设计色彩的绘画理念来源于印象派之后，以塞尚为代表的现代艺术色彩实践和包豪斯设计学院的色彩理论研究。因此，厘清现代艺术色彩理论和绘画实践的发展，对设计色彩写生有着重要的指导意义。

1. 现代绘画艺术实践的发展

从保罗·塞尚开始，画家们开始关注如何描绘自然样貌之外的东西。为了获得画面的坚实感和深度感，塞尚在画面中放弃了"轮廓的正确性"。将物体的轮廓描绘得硬朗而清晰，用明确的色块在轮廓线中填涂，并刻意保持笔触一致的方向性，从而获得了稳定的画面秩序。塞尚画中的色彩和形状不再是眼之所见的客观自然，而是变形后视觉呈现的审美感受——坚固、沉静、和谐（图1-1）。

梵高的创作融合了印象派、修拉的点彩画法以及日本浮世绘版画的表现方式，用纯色的色点和充满激情的条形笔触铺满画面。扭曲盘旋的线条传达出强烈的个人情感，刻意厚涂的色彩如同敲击的重音，画中的景物成为画家知觉与情绪的载体，以此与观者对话，产生震撼心灵的力量。"他不大注意他所谓的'立体的真实'，即大自然的照相式的精确图画。只要符合他的目标，他就

图1-1　塞尚静物作品

图1-2 梵高静物作品

图1-3 高更静物作品

夸张甚至改变事物的外形。这样,他通过一条不同的道路走到一个路口,跟同一时代里塞尚发现自己走到的地方相似。"①(图1-2)

与梵高同时代的高更,同样在创作中摒弃了传统画法对自然外观的忠实再现。他从研究土著艺术开始,在绘画中确立"直率""单纯"的风格特征。他在塔希提岛的大量绘画创作中,以简化的人物形象、大片强烈的色彩,表现岛上土著人的纯真原始的生存状态。高更所确立的风格,追求对人类精神的更单纯、更直率的表现,成为原始主义表现形式的发端,引导了现代绘画艺术观念的发展(图1-3)。

印象派以及之后出现的野兽派、立体主义、抽象艺术、表现主义等艺术流派都对现代设计色彩的发展产生了深远的影响。

19世纪后期,兴起于欧洲大陆的新艺术运动构架起了绘画艺术与现代设计之间的桥梁。新艺术运动的影响从绘画、雕塑、版画艺术波及书籍插图、广告招贴,乃至纺织品设计、建筑设计、产品设计等领域。这一时期,东方与西方

---

① [英]E. H. 贡布里希. 艺术的故事[M]. 范景中,译. 南宁:广西美术出版社,2016:548.

第一章 设计色彩概述

的商品贸易日益频繁，日本的浮世绘版画，以及来自东方的丝绸、织毯呈现的充满异国情调的图案，对西方绘画艺术和设计思潮带来新的启示。在东方艺术，尤其是日本浮世绘版画的影响下，追求装饰性特征的新艺术运动强调简洁、明快、清晰、条理的悦目效果，而非画面的叙事意义。这一时期的"维也纳分离派"画家古斯塔夫·克里姆特的作品设色华丽，大量使用金银色和鲜艳的浅粉、茜红、玫红、明黄、杏黄等色彩，在黑褐色背景的间隔下，形成像东方织毯一样耀眼的色斑，充满浓郁的装饰意味（图1-4、图1-5）。

埃贡·席勒在线条的表现、画面的构图和色彩的平面化等方面继承了其老师克里姆特的装饰性画面处理方

图1-4　克里姆特作品局部

图1-5 日本浮世绘版画作品

图1-6 席勒作品

式,同时在情感的表现方面深受表现主义画家科柯施卡的影响,逐渐形成了自己独特的艺术风格。他的绘画,人物造型简洁,通过对形体的扭曲和变形表现精神上的不安与紧张;色彩以平涂为主,大面积的色块沉郁而饱满,充满情感张力,成为表现主义风格的杰出代表(图1-6)。

在设计领域,劳特雷克、阿尔丰思·穆哈等人创作的插图和招贴画学习了浮世绘的表现手法,用色单纯明快、线条简洁,既符合石版画制版印刷套色工艺的要求,又创立了令人耳目一新的时尚风格。劳特雷克的招贴画以速写式的用笔传达出简洁明快的画面气氛,有着贴近大众审美的随性与亲切。他为红磨坊绘制了大量的以人物为主题的海报招贴,生动展现了19世纪末巴黎红磨坊夜生活的场景,被称为"蒙马利之魂"(图1-7)。

图1-7 劳特雷克招贴画作品

图1-8 穆哈招贴画作品

图1-9 老上海月份牌广告

　　阿尔丰思·穆哈是20世纪初"新艺术运动"著名的海报画家,同时从事书籍装帧、插画、珠宝、地毯、壁纸及剧场摆设等设计。他的作品多以丰满的女性、鲜花、服饰、珠宝为主题,画面色彩柔和,以平滑流畅的黑色轮廓线勾勒框线,运用几何化的直线、弧线、曲线表现典雅宁静的装饰效果。他为捷克斯洛伐克的S·贝恩哈托娃剧院设计了大量的广告招贴画,成为新艺术运动后期的代表性作品,他的装饰绘画传播广泛,在中国民国时期的海报设计、月份牌广告画的构图形式中也可以看到穆哈海报作品的影响(图1-8、图1-9)。

　　20世纪,在现代主义艺术思潮的影响下出现了达达主义、构成主义、极简主义、表现主义等艺术流派,为现代艺术的发展指引着方向。同时,现代工业的进步使化学颜料得到广泛应用,极大丰富了绘画和印刷色彩的色域。印刷制版、灯光技术、计算机技术等领域的不断创新,也为现代色彩的发展提供了更广阔的空间(图1-10、图1-11)。

2. 色彩理论与色彩学研究的发展

　　英国美术史家赫伯特·里德在他的《现代绘画简史》中提出:"整个艺术史

图1-10 乔治·波拉克静物作品

图1-11 霍克尼用ipad绘画的作品

是一部视觉感知方式的历史,是人类用不同的方式看世界的历史。"①在不同的时代,由于艺术观念和观察方法的不同,绘画中的色彩呈现出多样的风格差异。

(1) 固有色观念

在传统绘画中,人们用肉眼观察形体,看到物体的固有色,于是描绘物体的固有色,从而达到对物象的模拟再现。中国古代绘画的"随类赋彩",西方传统油画的罩染技法都是重在表现物体的固有色,色彩被看作是依附于形体而存在附加物,这种对色彩的认识可以称为固有色观念。色彩服务于叙事性的绘画主题:塑造形体、烘托气氛、渲染情感,通过对光影的描绘,以浅色受光面、深色的暗面和阴影塑造的体积感,在平面的二维空间中创造虚拟的形体厚度和进深的空间。西方古典主义时期的绘画秉持着固有色观念来塑造形体,构建画面空间(图1-12)。

(2) 条件色观念

随着科技的发展,视觉观察的方式也随之更新。1676年,牛顿进行了著名的色散实验,在实验中,白色的日光透过三棱镜投射到银幕上,形成由红、橙、黄、绿、蓝、紫色组成的光谱。当这一图像再次透过聚光透镜后,又还原成为白色光。借助三棱镜对日光的折射,证明了白色光是由各色光按照一定比例混合而成,其后的大量科学实验也进一步证明了色彩和光的关系是密不可分的。我们看到的色彩是光线投射到物体上,物

---

① [英]赫伯特·里德. 现代绘画简史[M]. 洪潇亭, 译. 南宁: 广西美术出版社, 2015: 16.

体表面吸收了其他色光后，反射出的颜色。例如，我们眼睛能看到红色的花朵，是因为花朵反射了日光中的红色光，而吸收了光谱中其他颜色的缘故。

色散实验为近现代色彩理论的发展奠定了基础。人们开始认识到物体色彩是由固有色、光源色、环境色相互影响而形成的色彩整体，当光线发生变化的时候，物体色彩也会发生相应的变化，这种对色彩的认识可以称为条件色观念。

瑞士色彩学家约翰内斯·伊顿（Johannes Itten，1888—1961年）曾在德国的魏玛艺术学校教授色彩学，他在1961年出版了《色彩艺术：色彩的主观经验与客观原理》一书，这是他多年从事绘画实践与设计基础教学的研究总结。他在这部著作中详细论述了色彩理论的发展，总结了19世纪早期龙格、歌德、叔本华以及化学家谢弗勒尔等学者在色彩理论方面的观点，进而指出色彩理论的发展"成为印象派及新印象派绘画的科学基础。对待大自然的充分研究导致印象派画家们达到一个完全新的色彩表现阶段。对于能改变自然物体固有色调的阳光进行的研究，和对风景画气氛环节中光线的研究，给印象派画家们提供了新的基本模式。"[1]莫奈的一系列作品是这一观念的最好注解。1892年至1893年期间，莫奈面对里昂大教堂画了30余幅写生作品，捕捉里昂大教堂在不同光线下呈现的极其丰富的色调变化。在这一色彩观念的影响下，对色彩和光线的捕捉，超越了绘画叙事而成为艺术表现的终极目的，纯粹的色彩语言代替了形体塑造，绘画中的视觉真实性得到进一步的拓展（图1-13）。

（3）表现色观念

正如色彩能够作用于我们的视知觉一样，色彩也能够通过作用于我们的视神经，进而对心理和生理感受产生影响。有的色彩是让人愉悦的，而有的色彩会使人感到沉闷或压抑。不止单一色彩会产生情感的投射，多种色彩组合而成的色调同样会形成丰富的视觉语汇，如音符组成的乐

图1-12 《戴珍珠耳环的少女》维米尔作品

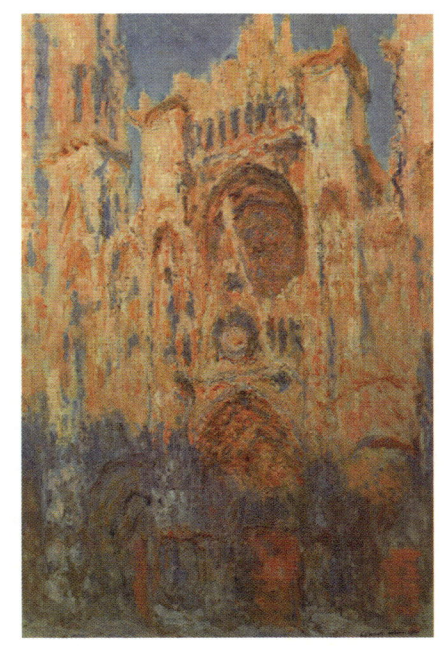

图1-13 《里昂大教堂》莫奈作品

---

[1] ［瑞士］约翰内斯·伊顿. 色彩艺术：色彩的主观经验与客观原理[M]. 杜定宇，译. 北京：世界图书北京出版公司，1999：7.

图1-14 《从贝尔维所见的圣维克托山》塞尚作品

章。20世纪初,基于色彩生理和心理感受研究的色彩构成学逐渐成熟,为现代艺术和现代设计的色彩发展提供了理论依据。伊顿详细论述了色彩诉诸人的视觉系统后,色彩体验对人的精神与情感所产生的影响。他在书中提到:"从印象派出发,塞尚将色彩的组合构成发展到逻辑思维的阶段,利用色彩的内在协调性和连续性来形成某种'实质性'的东西"[1]——所谓的"实质性的东西",意指画面中的色彩、造型、构图所形成的稳定的视觉秩序,以及由这种稳定的视觉秩序产生的宏伟、平静的心理感受。在塞尚的作品《从贝尔维所见的圣维克托山》中,通过对山体、树木边缘形态的规整概括,形成了秩序感和坚实稳定的心理感受。画面近处树木高纯度的黄绿对比形成了突出的视觉中心,而远处共同笼罩在灰蓝色调中的、色彩协调的山体和天空形成了深远的纵深感。塞尚在这幅画面中解决了原色平涂带来的平面化与视觉景深之间的矛盾,在视觉真实性与恒久的秩序感之间取得了微妙的心理平衡(图1-14)。

此后的一个世纪中,画家们不断尝试利用形态和色彩来表现主观的精神感受,通过对自然形态的解构变形、对客观色彩的归纳变调来传达个人的心理体验,力求使作品承载更丰富的精神内涵。自此,现代绘画摆脱了自然形态和外观色彩的桎梏,进入了表现色观念阶段。

现代艺术与现代设计的色彩应用原则,同样一直遵循着伊顿所提出的七种对比要素:色相对比、明暗对比、冷暖对比、补色对比、纯度对比、面积对比、连续对比。通过对色彩明度、纯度、色相的控制,形成具有主观表现性的色彩秩序。

---

[1] [瑞士] 约翰内斯·伊顿. 色彩艺术:色彩的主观经验与客观原理[M]. 杜定宇,译. 北京:世界图书北京出版公司,1999:7.

第一章
设计色彩概述

本章小结

本章解释了现代色彩写生的基本概念，阐释了现代色彩艺术实践与色彩学研究的发展，以及审美追求的演变。简单介绍了固有色观念、条件色观念、表现色观念对色彩艺术发展的影响。最后阐释了表现性色彩写生的审美评价标准，为学生摆脱传统的写实性色彩写生模式，进入对色彩形式语言的表现奠定学习基础。

课后思考与练习

1. 简述设计色彩写生与传统写实性绘画的区别。
2. 结合本章图例，分析如何应用色彩对比要素来建立画面的色彩秩序。
3. 简述视知觉研究的发展对印象派绘画的影响。
4. 简述色彩生理和色彩心理的研究对表现色观念的影响。
5. 临摹一幅套色版画作品，体会如何在限色的要求下概括画面造型。

第二章
色彩基础知识

PPT 课件，
请扫码阅读

◁ **本章知识点**

色彩物理学原理　　色彩的构成要素
色彩的分类　　　　色彩的混合

◁ **学习目标**

通过本章的学习，了解色彩成像的科学原理。通过对色彩构成因素的理性分析，对色彩进行分类，系统学习色彩的混合调配方法。

色彩学理论知识是学习色彩的基础，掌握色彩学的原理和规律可以帮助我们理性地分析画面，与绘画实践中形成的感性认识相结合，丰富艺术修养，不断提高绘画技艺。色彩学理论包括色彩物理学原理、色彩形式美法则，以及色彩的主观感受规律——即色彩的生理与心理功能的研究。

第一节　色彩物理学原理

一、色光实验

早在1676年，英国物理学家牛顿就通过色彩实验证实了日光由七种色光组成：当时，牛顿将一束白色的日光投射到三棱镜上，光线穿过三棱镜投射到银幕上时，折射分解成红、橙、黄、绿、蓝、紫各色组成

的光带。用三棱镜再次将这条光带聚合后，又还原成了白色光。我们肉眼所能识别的色彩都包含在这些色光中，当日光照射到物体上时，物体的表面会将光线反射出来，我们眼睛就看到了色彩。一张白纸呈现出白色，是将所有的光线反射出来的结果；红色的花朵吸收了除红色外的所有色光，只将红色光反射出来，于是我们看到了红色；当我们看到绿色的树叶的时候，实际上是叶子的表面分子结构吸收了除绿色外所有的光线。因此，色彩是因光线而产生的，没有光线我们感受不到任何的色彩（图2-1）。

图2-1　光的色散

二、色彩知觉

1. 可见光

太阳光是由不同速度振动的电磁波组成，不同波长的光线投射到人的眼睛里会产生不同的色彩知觉。色彩知觉来自于光波，人眼能感受到的波长在400nm～700nm（见表2-1）。

表2-1　　　　　　　可见光波长

色彩	波长（nm）	频率（THz）
红	740～625	480～405
橙	625～590	510～480
黄	590～565	530～510
绿	565～500	600～530
青	500～485	620～600
蓝	485～440	680～620
紫	440～380	790～680

2. 色觉

由于人的个体生理差异，每个人所感受到的光波不尽相同，视觉中反映出色彩也不是完全相同的。有的人对红色的波长感知力强，有的人对蓝色的波长感知力强。因此，面对同一组静物进行色彩写生时，每个

人看到的色彩各有差异，画面色调也各不相同。正是这种色彩感受的差异，形成了丰富多样的视觉体验，使我们在面对艺术作品的时候，会因为共同的感受而产生共鸣；也会因为感知的差异性产生颤动的力量，这正是色彩艺术的魅力所在。

3. 视觉残像

当我们长时间观看红色的物体后，紧接着再看一张白纸，会在眼前浮现出物体的绿色映像，反之亦然。在灰色背景上长时间注视白色图像，然后将图像撤走，视觉中会残留该图像的暗色残像；如果换成黑色图像，也会残留亮色残像。这种现象被称为视像后余色现象，也称视觉残像。

色彩是人的视觉感受，我们能看到色彩是由于人眼的感光细胞接收到光波的辐射。视网膜上能接收光波的三种锥体细胞分别具备感受明暗和红、绿、蓝的基本功能，各自吸收一定波长的光线而产生不同的色觉。当锥体细胞感受到的视觉信息传导到大脑皮层视区后，在视神经系统中有会产生三种反应：明和暗的光反应、红—绿反应、黄—蓝反应。当视网膜长时间单独接受某一颜色信号，例如红色时，对应的感受元会受到抑制，变得不敏感，视觉感失衡。而其他的色彩感受元会变得兴奋，产生红色的补色——绿色的色彩幻象，最终使大脑中的映像合成舒适的灰色，进行视觉平衡的自我调节，这就是视觉的补色现象。红—绿反应分为红兴奋、绿抑制和绿兴奋、红抑制两种反应。黄—蓝反应分为黄兴奋、蓝抑制和蓝兴奋、黄抑制两种反应。它是发生在眼睛视觉过程中的主观感觉，而非客观存在的真实景象。印象派绘画的色彩表现就是以视觉的补色现象为依据，通过强化阳光下阴影部分的蓝紫色成分，来映衬受光部分的明亮橙黄色，激发视觉感受的补色余像，从而在画面中制造有阳光闪烁颤动的错觉。

4. 色彩透视

色彩透视是指空间距离造成的色彩变化规律。由于不同色彩的波长不同，在空气中传播的速度也不同。青色、蓝色和紫色光的波长最短，容易在传播的过程中被大气和尘埃阻隔，形成散射现象，从而使远处的天空和山峦呈现更强的蓝紫味道，固有色也会变弱，总体偏向冷灰色调，而近处的景物色彩清晰饱满，受光和背光处的冷暖对比强烈。在色彩写生中充分认识到这一色彩规律，可以帮助我们塑造画面中的空间关系，在风景写生中尤为重要。

三、色彩的构成要素

构成色彩的三要素包括色相、明度、纯度。

1. 色相

色相是指色彩的相貌，红、橙、黄、绿、青、蓝、紫都是给色彩相貌起的名字，不同物理波长的色光投射到人眼中，形成了色彩知觉，使我们看到了五彩缤纷的世界。

绘制一个圆环，将圆环等分出六个扇形区，在圆环内设置一个内接等边三角形，在三个角所对应的扇形区域填入红、黄、蓝，在红蓝之间的扇形区填入紫色、红黄之间的扇形区填入橙色、黄蓝之间的扇形区填入绿色，就构成了最基本的六色色环。它按照光谱的色彩顺序排列，并包含了光谱中所有颜色的色相，称为色相环。色相环有基本的六色色相环，也有十二色、二十四色色相环。利用色相环，我们可以方便地定位各种色相

之间的关系（图2-2）。

2. 明度

明度是指色彩的明暗程度，即色彩从亮到暗的变化。白色的明度最高，黑色的明度最低。在单一色彩中混入白色，会提高明度；混入黑色，会降低明度。从白色到不同层次的灰色再到黑色可以用渐变排序的方式排列成明度色标，白色明度最高为10度，黑色明度最低为0度，中间为均差递减的九种灰色。这样的明度色标可以帮助我们清晰地辨识色彩的明度级别。色相环中的颜色本身也存在明度差，黄色明度最高，紫色明度最低，其他色的明度均处于中间明度区（图2-3）。

3. 纯度

纯度是指色彩的饱和度，也称为彩度。色相环中的颜色都是高纯度色，当任何一种颜色混入灰色或其他颜色时纯度会降低，直至变为纯灰，成为无彩色。水性颜料掺入水后，纯度也会降低（图2-4）。

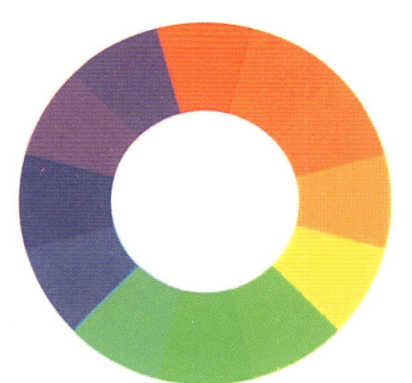

图2-2 色相环

图2-3 明度色阶

图2-4 纯度色阶

4. 色立体

为了便于色彩的识别和应用，各国设定了自己的色彩体系，给每种颜色确定色名和色标。这样，当进行印刷或染色时，只要报出色标和色卡，就可以方便地实现异地识别。世界上比较通用的几种色彩系统有：蒙赛尔色立体——美国、奥斯特瓦德色立体——德国、日本色研色立体——日本。

以蒙赛尔色立体为例，是以无彩色系的黑白灰为中间纵轴，按照明度变化的顺序，白色在顶端、黑色在底端，色相环穿过纵轴水平放置，与无彩色系的纵轴垂直，显示色相变化。纯度高的色彩在最外围，越接近纵轴纯度越低，显示纯度变化。这样就形成了一个立体的色彩模型，它囊括了所有可见色彩，称为色立体。再对明度值、色相值、纯度值进行分级编号，给色立体中的每种色彩确立唯一的位置坐标，通过色值序号进行选色识别，既可以方便选色查找，又可以为设计者提供更多色彩组合的启发，开拓思路，创建丰富的色彩组合关系（图2-5、图2-6）。

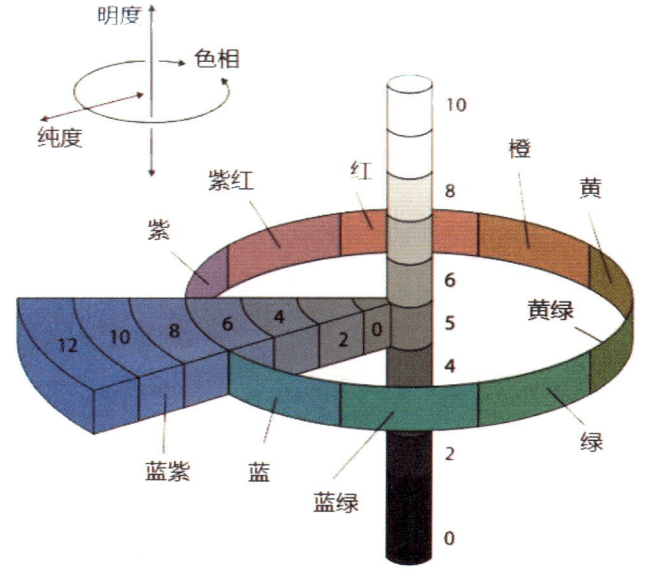

图2-5 蒙赛尔色立体1

图2-6 蒙赛尔色立体2

第二节 色彩的分类

一、原色

原色是指最初的颜色，它可以用来调和成其他色彩，但是无法由其他的色彩混合产生。

色光的三原色包括红、绿、蓝，三种色光叠加后呈现白色光，即光谱色对日光的还原，称为加法混合（图2-7）。

色料的三原色包括红、黄、蓝，三种色料混合后吸收了所有光线，不会反射出任何色光，因而呈现出黑色，被称为减法混合，或应减色混合。我们通常在色彩应用中所说的三原色，一般均指色料的三原色，色彩混合产生的效果研究也都是指色料混合的现象（图2-8）。

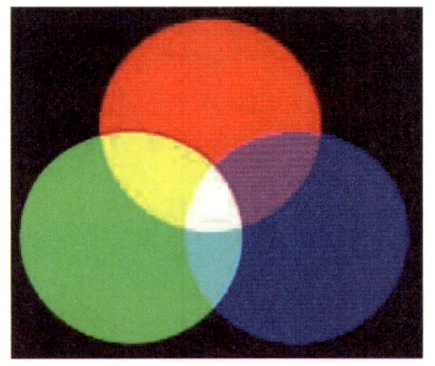

图2-7 色光三原色的加法混合

二、间色

在六色色相环中，间隔了红、黄、蓝的颜色可以由三原色调和产生，被称为间色：

红+黄=橙色

黄+蓝=绿色

蓝+红=紫色

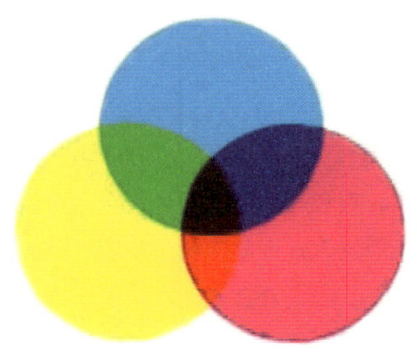

图2-8 色料三原色的减法混合

三、复色

间色与间色调和可以得到复色。复色包含了三原色红、黄、蓝的成分，只是混合的比例不同，例如土红、土黄、赭石、熟褐、橄榄绿等色，均为复色。

第三节 色彩的混合

当使用颜料作画时，我们看到的颜料色彩，是色料吸收日光中其他色光后反射出的颜色。这种由吸收作用所产生的色彩通常称为应减色，因此，不同色料的混合也称为减色混合。红、黄、蓝三原色色料按照一定比例混合后会吸收所有的色光，在理论上讲，应当产生黑色。但在实际操作中，由于色料含有一定的杂质反射了光线，所以在调和后会产生接近于黑色的黑浊色。色彩混合的形式一般来说有三种：

一、色料混合

色料混合是指不透明颜料的混合。水粉画、丙烯颜料以及油画的直接画法都是采用直接调和颜色的方式，使用两种或两种以上的颜料直接混合成新的颜色。例如，黄色与适量的蓝色混合，可以产生绿色。在一种颜色中加入其他的色料可以调整色彩的明度、纯度和色彩倾向。色料混合产生的效果明确、直接、肯定，配合不同的笔触可以获得丰富多样的表现力。

色彩混合的方法：

1. 加混同明度灰色

明度不变，降低纯度（图2-9）。

2. 加混白色

提高明度，降低纯度（图2-10）。

3. 加混黑色

降低明度，降低纯度（图2-11）。

4. 加混一种邻近色或对比色

改变色彩倾向、冷暖关系（图2-12、图2-13）。

5. 在一色中加入它的补色

降低纯度，缓和补色对比（图2-14）。

二、分层罩色

分层罩色是透明性颜料特有的表现技法。水彩、马克笔还有油画的颜料稀释后的色彩是透明色，可以用分层罩染的方式产生新的色彩。例如，在黄色的基底上，罩染一遍透明的红色，就会呈现出橙红色。分层罩染可以使光线透过色层表层，产生漫反射的釉质光晕，获得的色彩效果富有层次感，通透、干净、柔和（图2-15）。

三、空间混合

色彩的空间混合原理与视像后余色现象有关，不同颜色的小色点或色块密集聚合在一个平面内，当推远到一定距离时，色点会在视觉中融合成一片统一的色彩，称为色彩的空间混合现象。空间混合是反射光的混合，色彩明度不会降低，同时会产生光线的颤动感。与色料混合相比，色彩效果显得响亮而丰富、光感强烈。修拉的点彩画法，以及彩色喷墨打印、胶版色彩印刷都是利用了这一色彩原理（图2-16、图2-17）。

第二章
色彩基础知识

图2-9　加混同明度灰色

图2-10　加混白色

图2-11　加混黑色

图2-12　加混邻近色

图2-13　加混对比色

图2-14　加混补色

图2-15　透明性颜料的罩染效果

图2-16　修拉的点彩画法

图2-17　修拉作品局部

本章小结

　　本章解释了色彩的物理学成像原理和人的视神经对色彩现象的感知。介绍了构成色彩的三要素：色相、明度、纯度，以及根据色彩三要素制定的色彩应用模型——色立体。通过对色彩分类的介绍，阐释色彩混合的基本原理及各种混合方式（色料混合、分层罩染、空间混合）产生的不同视觉效果。通过本章的学习，理性认识色彩现象，控制色彩与色调的变化。

课后思考与练习

1. 什么是视觉残像现象？
2. 色立体的作用是什么？
3. 对比分析色料混合、透明色罩染以及色彩空间混合产生的不同视觉效果。
4. 结合第3题，分别画小色稿尝试色料混合、透明罩染、空间混合形成的画面表现效果。

第三章
设计色彩写生的创意表现

PPT课件，
请扫码阅读

◁ **本章知识点**

设计色彩写生的基本要求
设计色彩写生的方法步骤
色彩归纳的类型与方法

◁ **学习目标**

通过学习本章内容，了解如何通过主动把握色彩的形式语言来构成画面。掌握设计色彩写生的观察方法和创作方法。通过循序渐进的课题训练，逐渐掌握色彩归纳和色彩表现的方法，能够在写生中表现个人化的审美趣味和主观创意。

第一节 设计色彩写生的工具和材料

设计色彩写生练习可以使用各种绘画材料来表现，像水彩、水粉、油画色、丙烯色、色粉笔、彩铅、马克笔，等等，不同的绘画材料可以产生丰富多样的表现效果。一般在课堂教学中，由于基础课程学时的限制，使用学生在高考中已经熟练掌握的水粉色进行色彩练习是较为方便的选择。

一、颜料

水粉画颜料是色彩写生最常用的颜料，又称为广告色、宣传色，属于水溶性颜料。水粉颜料的成分主要包含着色剂（颜料粉）、填充剂（小麦淀粉）、胶固剂（糊精、树胶）、润湿剂（冰糖、甘油）和防腐剂

（石炭酸、福尔马林）。水粉颜料的覆盖力较强，厚涂时有油画的效果，加水稀释后产生的效果接近水彩，具有较丰富的表现力。色料湿时显色较深，干后变浅，需使用熟练后才能掌握其特性。水粉颜料常用色主要有：白色、煤黑、深红、大红、朱红、橘黄、中黄、淡黄、柠檬黄、粉绿、浅绿、中绿、翠绿、深绿、橄榄绿、湖蓝、钴蓝、群青、普蓝、青莲、玫瑰红，以及各个色系的不同灰度色，色相非常丰富（图3-1至图3-3）。

图3-1　水粉画颜料

二、画笔

水粉笔笔头的形状有方形、榛形、扇形、圆形，等等，按材质分主要有狼毫笔、羊毫笔、尼龙笔、猪鬃笔。猪鬃笔最硬，较适于厚画法，可以拖曳出清晰的笔触纹理；羊毫笔最软，储水性强，较适合于接近于水彩表现的薄画法；狼毫笔弹性适中，易于塑造形体；尼龙笔储水性不

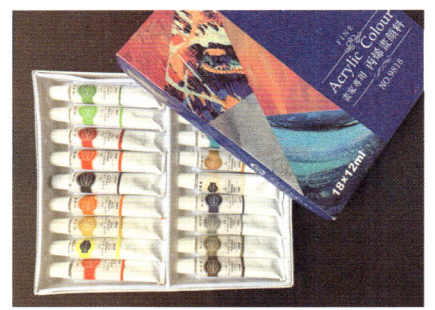

图3-2　丙烯画颜料

图3-3　油画色颜料

图3-4 画笔与笔刷

图3-5 厚画法及薄画法的用笔和用水

图3-6 质地厚实的素描纸、水彩纸、色卡纸

图3-7 较薄的画纸需要湿裱后使用

佳，但弹性好，不易掉毛不易损坏。在绘画练习中，可以依据个人习惯和表现效果的需要灵活选择画笔。此外，还应准备几只适于勾线的毛笔和适于大面积平涂的底纹笔或宽笔刷（图3-4、图3-5）。

三、画纸

画纸一般选用质地紧密厚实的素描纸、水彩纸、白卡纸、色卡纸等。要求略吸水、表面不能太光滑，保证能够在厚涂时产生平整的色层，有颗粒纹理的水粉纸不宜选用。作画前，可以先将画纸湿裱于画板上，待干后开始作画。避免作画时纸张吸水后起皱，影响画面的平整度（图3-6、图3-7）。

此外，辅助性的工具材料还包括：涮笔的水桶、吸水布、颜料盒、调色盘。为了制造某些特殊的画面肌理效果，还可能会用到海绵、细沙、塑形膏、留白胶、纸胶带等特殊材料。

第二节 设计色彩写生的方法步骤

一、设计色彩写生的基本要求

传统绘画对物体的表现依赖于物体与光照之间的关系，通过对画面中光源色、物体固有色和环境色之间关系的再现，形成具有实体空间感的画面。表现性色彩写生为了突出画面的装饰性和个性化，可以摒弃用光影塑造形体的方法，对体面关系进行概括、提炼。在二维空间中铺展色调，注重色块与色块的和谐与冲突、面积与比例的对比关系。可以参考借鉴色彩写生中形成的色彩直觉，大面积的平涂色块，尽量减少色彩过渡的层次，通过做"减法"达到简洁凝练、以少胜多的效果。通过对色彩进行变色、变调的处理，理性的梳理色彩结构关系，强化主观感受。在对形与色提炼、概括的过程中发挥绘画者的个性，创造独特的画面效果，使作品反映绘画者的审美观点和独特创意。面对同一个写生课题，要启发学生充分发挥主观创造性，寻找个人化的表现语言。以下是同一组静物练习的学生写生作品（图3-8至图3-12）。

图3-8 学生习作1
（佚名 于历莉指导）

025

第三章
设计色彩写生的
创意表现

图3-9　学生习作2
（佚名　于历莉指导）

图3-10　学生习作3
（佚名　于历莉指导）

图3-11 学生习作4
(管帅作 于历莉指导)

图3-12 学生习作5
(张昌盛作 于历莉指导)

二、静物安排

色彩写生中摆设的静物只是一个参照,一个激发画面创意的起点。为了避免学生习惯性的对物摹写,可以在摆静物时不设置完整的构图,不设置统一光源,将各种静物和衬布错落摆放在一个台面空间中,摆放的物品和衬布要能够提供多个主题组合的可能性,由学生按照个人喜好自由选择物品和衬布组织画面,使写生在一开始就在主观创意的引导中展开。

三、起形构图

起形阶段是整幅画创作的基础,要从整体着眼,围绕构图中心安排好图底关系、形与形之间的主次关系,以及画面各个色块的分割比例。此外,在起形的同时,确定适当的表现方式,是勾线平涂,还是层次推染,等等,根据需要确定作画顺序。例如:勾线平涂可以先用重色勾勒结构线,为下一步成片平涂框定色彩边界。层次推染,可以先整体平涂固有色,再在以后的深入过程中对暗部、亮部逐层覆盖。

四、画面深入

从局部画起,不急于铺满画面,根据相邻的色彩推定下一块颜色的色彩倾向,使画面具有生长感和随机性,并注意保留有美感的笔触效果。在简化概括的同时,要注重观察对象,提取生动真实的物象特征和整体气氛,保持写生的在场感,不要简单地流于规整化、图案化。这种画面感的掌控需要在写生实践中灵活把握,做到感性与理性的有机统一。

五、整体调整

在作品的收尾阶段要回到画面整体,从均衡感、色调倾向、笔触意趣、色彩结构关系等方面进行再调整,主动组织、完善画面。

第三节　色彩创新意识的训练方法

一、限色归纳

限色练习是归纳色彩的第一步，要求将每个物体的用色控制在二到四色之内，用平涂的方式概括对象形态，减少色彩过渡，通过大色块对比，形成简洁、清晰、平面化的效果。限制颜色可以迫使画者提炼最重要的色彩关系，屏除杂芜，锻炼控制能力和选择能力，在取舍间突出画面重点（图3-13）。

面对丰富的色彩，如何归纳、如何取舍可以体现不同的绘画观念，对画面色彩的归纳大致可以概括为以下三类：

1. 写实性归纳

写实性归纳是以色彩写生的表现方法为基础，在印象派写生色彩观念的基础上，通过对固有色、条件色、环境色的归纳，概括物体从收光面到反光的色彩关系、明暗关系，简化过渡层次，用大色块衔接来构成形体关系，进而铺展至整幅画面。写实性归纳的观察方法与传统写生较为接近，是学生初次接触创意色彩练习比较容易掌握的画法（图3-14）。

2. 装饰性归纳

装饰性归纳注重画面的形式感和物体的装饰性变形，色彩组织的原则遵循色彩构成规律，强调色彩的秩序、色彩的对比与和谐以及色彩的构成关系。主张从客观色彩观察中摆脱出来，通过减色、换色、变色，使画面中应用的色彩营造出富有装饰美感的色彩效果。装饰性归纳不刻意表现光源色、固有色和环境色构成的客观色彩因素，以固有色为基础，表现色彩组织关系的装饰性和趣味性。装饰性归纳的表现方法可以广泛借鉴日本浮世绘、中国传统年画、19世纪末西方的新艺术运动时期的绘画艺术以及构成主义等的艺术表现形式，在平面的构图关系中追求装饰性美感的多样化表达（图3-15）。

图3-13　限色归纳维亚尔作品

第三章
设计色彩写生的
创意表现

图3-14 写实性归纳于历莉习作

图3-15 装饰性归纳安娜·玛丽·罗伯逊·摩西(摩西奶奶)作品

3. 意象性归纳

意象性归纳的"意"指个人化的主观感受，意象性归纳的练习是指在画面表现中融入个人化的主观感受，用形态和色调表现画者的审美感悟和审美判断。面对对象写生时，不必受客观物象的局限，通过大胆变形和变色、换色，创造独特的画面效果，训练创造力和想象力，是最能体现画者主观创意的表现形式。意象性归纳的表现方法可以借鉴高更、卢梭、莫兰迪、阿利卡等画家独特的个性化画面语言，创建新的主观意象表现方式（图3-16）。

二、变调练习

在变调练习中，要求通过变色、换色、变调等手法，改变写生对象的色彩外观。例如，面临一组有着复杂色彩组合的静物，可以凭借个人的主观偏爱只选取其中的几种颜色，将选取的色彩关系运用到整个画面中，对画面的颜色关系进行变色变调处理，形成具有个人特色的色彩表现风格（图3-17）。

图3-16　意象性归纳莫兰迪作品

图3-17　马蒂斯作品

三、不同绘画材料的表现效果

在色彩训练中除了使用上文所列举的常见的水粉、油画等颜料作画，还可以尝试使用多种工具材料进行绘画练习，以提高设计色彩的表现力和创新意识，比如色粉笔、彩色铅笔、水彩马克笔、彩色贴纸，等等，运用得当都可以产生独特的色彩魅力。

1. 色粉笔

色粉笔也称为彩色粉笔，是使用颜色粉末制成的干粉笔。色粉笔颜色丰富，作画便捷，缺点是容易掉粉，需要画完后装裱在玻璃画框中保存，或使用专用的定画液保护画面（图3-18至图3-23）。

图3-18 《明星》埃德加·德加作品

图3-19 《静物》李超士作品

图3-20 《花丛中的奥菲利亚》
奥迪隆·雷东作品

图3-21 《南瓜》李超士作品

第三章
设计色彩写生的
创意表现

图3-22 《三色堇》李超士作品

图3-23 《粉红色和绿色》乔吉娅·奥基弗作品

图3-24 整体深入的作画步骤1 井军

图3-25 整体深入的作画步骤2 井军

2. 彩色铅笔

目前，常见的彩色铅笔分为两种：一种是水溶性彩色铅笔；另一种是不溶性彩色铅笔。水溶性彩色铅笔的笔芯能够溶解于水，用毛笔蘸水润开可以产生透明水彩的效果。不溶性水彩笔有油性和干性两种，油性彩铅画出的色彩光泽度较好，干性彩色铅笔可以用橡皮擦除，方便修改（图3-24至图3-36）。

图3-26 整体深入的作画步骤3 井军

图3-27 整体深入的作画步骤4 井军

图3-28 《爱女》1 井军

图3-29 《爱女》2 井军

图3-30 局部推进的作画步骤1 李拥

图3-31 局部推进的作画步骤2 李拥

035

第三章 设计色彩写生的创意表现

图3-32 局部推进的作画步骤3 李拥

图3-33 《老萌》李拥作品

图3-34 《游园》李拥作品

图3-35 《竹》李拥作品

图3-36 《恬田》李拥作品

3. 马克笔

马克笔分为水性和油性两种，绘画用的马克笔一般为水性笔，色系丰富、方便携带，多用于绘制速写式的各类设计效果图和广告海报。马克笔画出的效果透明干净，但不宜混色叠加，适合一遍上色完成，可以用针管笔来配合勾线画轮廓（图3-37至图3-44）。

图3-37　学生习作1　俞翔　张丽丽指导

图3-38　学生习作2　佚名　张丽丽指导

037

第三章
设计色彩写生的
创意表现

图3-39 学生习作3 佚名 张丽丽指导

图3-40 学生习作4 佚名 张丽丽指导

图3-41 学生习作5 佚名 张丽丽指导

图3-42 学生习作6 俞翔
张丽丽指导

图3-43 学生习作7 佚名 张丽丽指导

图3-44 学生习作8 佚名 张丽丽指导

本章小结

　　本章系统阐述了设计色彩写生的基本要求,介绍了在面对静物写生过程中,设计色彩写生与传统的光影式色彩写生的不同之处。提出了在静物的安排、起稿构图、画面深入和整体调整的过程中应注意的问题,及应对的方法。详细阐释了限色归纳中的写实性归纳、装饰性归纳、意象性归纳的创意表现方式,以及如何通过变调换色处理,在中画面表现主观偏好。通过对本章内容的学习,学生能够掌握设计色彩写生的创作方法。

课后思考与练习

1. 写实性归纳设计色彩写生习作练习。
2. 装饰性归纳设计色彩写生习作练习。
3. 意向性归纳设计色彩写生习作练习。
4. 换色、变调写生练习。

第四章
色彩表现语言的形式要素

PPT 课件，
请扫码阅读

◁ 本章知识点

画面构图方式
画面形态关系
形态发展变化的方式
色彩结构关系
色彩生理感受、心理感受和审美感受的表现

◁ 学习目标

通过对本章内容的学习，了解色彩表现语言的形式要素，掌握画面构图的要素，学习如何通过对画面中形态的组织和变化，创造性地表现物象的形式感。了解并且能深入分析色彩的结构关系对画面效果产生的影响，了解色彩关系对人的生理感受、心理感受和审美感受产生的影响，通过应用色彩形式语言，表现主观情感和审美趣味。

第一节 画面构图

"构图"一词来源于拉丁语Compasitio，译为组成。画面构图即是在画面中如何组织和构建图形，是形成画面的第一步。唐代书画家、绘画理论家张彦远曾在《历代名画记·论画六法》中论述："昔谢赫云，画有六法：一曰气韵生动，二曰骨法用笔，三曰应物象形，四曰随类赋彩，五曰经营位置，六曰传模移写……至于经营位置，则画之总要。"马蒂斯则认为："所谓构图，就是把画家所要用来表现其情感的各种要素，依照装饰的意味而适当地排列起来的艺术。在一幅画里，每一部分都应该各自占据着最适当的位置，无论是主要的或次要的……一件艺术品暗示着整体的和谐。"这些论述充分说明了构图在绘画中的重要性。构图是对画面中物态形象的归纳和梳理，是在画面空间内安排图形、分割空间的经营和设计。画面构图要考虑以下几方面的内容。

一、骨架线

骨架线是指画面中物体的组织框架，通过骨架线来分割画面空间，引领视线、形成动势。骨架线可以概括为以下几种结构：纵势、横势、斜势、环势、弧型、S型、T型、十字型、三角形等。

不同的骨架线构成的形式感，可以在画面中营造各种态势，比如：纵势的骨架线有挺立高耸、向上而富有生机的感觉；横势的骨架线有开阔、平静、安定的感觉；斜势的骨架线构成的画面富有动感，在不稳定中求得平衡；S型、T型等构图可以使画面产生更加丰富多样的视觉变化，或饱满充实，或灵动舒展，或稳定庄重，通过有序的组织排列产生秩序感和视觉张力（图4-1、图4-2）。

二、视点

1. 固定的视点

固定的视角可以获得安定而真实的画面，焦点透视即是以固定视角观察物象，在画面的二维空间中，依据透视原理画出空间的深度后，形成三维空间的幻象。一

图4-1 纵势构图 阿利卡作品

图4-2 横势构图 阿利卡作品

般来说，西方传统绘画中选取的视角以向下45°俯视最为常见，在这一观察角度下，可以全面描绘物象的立面和顶面，抓取物象最具立体感的形态特征，展现空间关系和体积厚度（图4-3）。

在画面中还可以选用平视的角度，使视线与物象的立面基本齐平。莫兰迪的静物即大多采用了平视的视角，使画面产生稳定、安宁、舒展的平衡感。平视的方式可以对物体的外观特征进行完整的概括，呈现最本质的形体特征，同时，也代表着一种平等的态度。平视的观察视角使莫兰迪的作品呈现出一种冷静的关照，一种与普通事物真诚对话的、平等的世界观（图4-4）。

此外，为了表现特定的视觉感受，在一些艺术作品中还使用仰视或者垂直俯视的视角来表现对象，例如莫奈的油画《教堂》以及许多古老教堂的天顶壁画都是以仰视的视角，引导观者的视线向上仰望，产生敬畏、崇高、升腾向上的感受。与此相反，毕沙罗的《清晨阳光下的意大利大道》、德加的《等候出场》等作品则是以近于垂直的俯视角度来呈现一个场景的全貌，以旁观者的姿态展现场景的客观真实性。

2. 移动的视点

散点透视是将纵向或横向的视野扩展所观察到的景物置于画面中，通过移步换景式的连贯画面，构建开阔宏伟、纵览全局的视觉体验。中国古代风景画的构图以及当代著名画家大卫·霍克尼的风景作品都可以产生这

图4-3 俯视的视角 马奈静物作品

一类的视觉感受。所形成的画面视野开阔，有置于图景之中的在场感（图4-5）。

"现代艺术之父"塞尚的作品也是使用多视点观察，在画中融合物体的各个侧面，通过呈现物象的各个面来构成画面的和谐与完整。以布拉克和毕加索为代表的立体派，深受塞尚绘画观念的影响，将不同视点所观察到的对象的碎片并置于一个综合的形态中，在对物象的解构与重组中，获得时间的延续性和多重空间并置的运动感（图4-6）。

对物体的持续运动连续拍摄，会得到一帧一帧连贯动作的画面，当把这些动作透叠在一幅画面中时，仿佛随着视点的移动，将一连串的动作冻结在时空当中。专

图4-4 平视的视角 莫兰迪静物作品

图4-5 移动的视角 霍克尼作品

图4-6 立体主义 布拉克作品

图4-7 未来主义 法宁格作品

图4-8 《下楼梯的裸女》杜尚作品

注于画面动感表现的未来主义画派，致力于表现速度和行进。基由视点的移动拆解形态、重复叠置，创建画面内在的运动张力，体现运动与速度和转瞬即逝的时间感（图4-7、图4-8）。

三、边框

画面的边框设定了一幅画的尺寸和边界形状，构图的意义就是以边框为依据，定格画面、安排绘画主题。根据边框与画面的关系，可以将构图分为封闭式构图和开放式构图。

1. 封闭式构图

封闭式构图以边框为边界，向内分割平面空间，追求画面内部构图的统一和均衡。在画面内往往以黄金分割线为依据，设定视觉中心和主体物的位置。要求画面中形态的造型完整，依据骨架线安排物体的组合关系，从而形成凝聚稳定的画面空间（图4-9）。

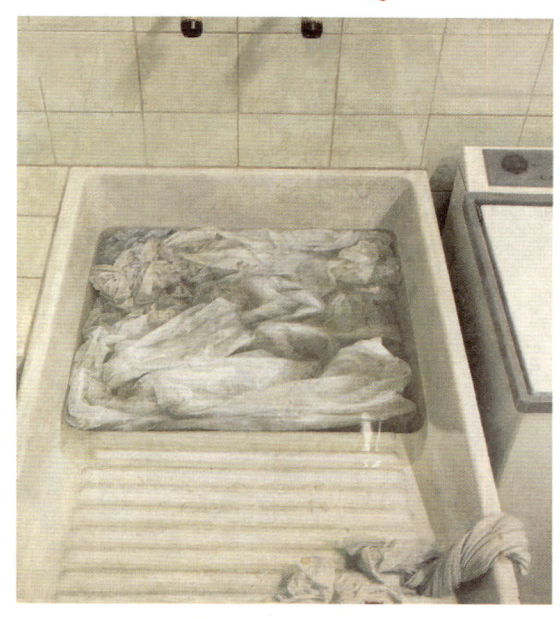

图4-9 封闭式构图 保罗·克利作品

图4-10 开放式构图 洛佩斯作品

2. 开放式构图

开放式构图则强调画面内部与边框之外场域的联系，制造向外拓展的视觉张力。可以通过在边框处保留不完整的边角、延续的边线等造型手段，将观者的视线引向边框之外，产生截取场景片段的残缺感，使作品产生在场的真实性和生活化的随意性，进而调动观者的想象力，主动参与到作品的图景之中（图4-10）。

第二节　画面形态

一、图底关系

要使形态凸显于画面中，需要依靠轮廓线造型使图和底相区别。图为正形，底为负形，同为构成画面的不可或缺的组成部分。以轮廓线为边界，图与底相互依存，任何一处的变动都会影响到相邻形态，产生新的变化，从而重

新分割画面空间。构图的过程即是分配正形与负形在边框中的空间关系。中国书画中注重的"留白""计白当黑"就是指要充分利用空白来营造画面的整体构图（图4-11）。

二、黑白灰关系

在色彩训练中，构图以色块为基础，色层更加丰富，不同明度的色块可以概括为黑、白、灰三种色层来组织构图。最深暗的颜色概括为黑色，最浅的颜色概括为白色，介于黑白之间丰富的色层变化可以统一概括成中明度的灰色。设计色彩写生的构图训练，可以从提取分析优秀美术作品的黑白灰构成开始。练习的方法是：选择一幅优秀的美术作品，根据原稿，概括地整理勾画画面中的深色部分、中间色部分和浅色部分的分布区域，使各部分的边界尽量规整，摒弃琐碎的细节，再用平涂的方式分别填入黑色、灰色和白色，使画面呈现出明晰的图形框架。也可以在对静物写生中，直接进行黑白灰归纳练习。对画面中黑白灰布局关系进行理性的、抽象化的归纳，可以帮助我们整体把握画面内在的构成关系，了解一幅画的隐形组织结构，从中体会到形式语言的抽象意义和表现力（图4-12）。

图4-11　图与底的转化　张大千作品

三、形的位置关系

构图不是在画面中被动地收录对象，学会主动调整形态的位置关系，才能够更好地控制构图。当我们把组成画面的形态看作是一个个安放在画面中的抽象色块时，如何摆布物体的位置，实质上即是对形态位置关系的研究。黑、白、灰色块之间位置关系的变化，能够产生丰富的视觉效果。它比平面构成中单色的形所显示出的位置关系更复杂、画面语言也更丰富。黑白灰色块在画面中可以相互映衬，互为图底，通过聚散、疏密、主从、均衡、节奏的变化来分割画面空间。尤其值得注意的是灰色块部分的面积和位置的处理：在黑色和白色的边缘，灰色可以缓冲两

图4-12 学生习作（张诗琪作 李甲指导）

图4-13 形的位置关系 克里姆特作品

者的强烈对比，使画面灵动而富有变化的韵律。而由邻近色构成的大片的灰色调也可以在画面中产生微妙而丰富的色彩层次，形成协调统一的整体色调关系。

构图中形态的位置关系的变化，可以大体概括成以下七种：相切、分离、覆叠、透叠、联合、减缺、重合。分析近现代优秀的艺术作品，可以看到许多画家通过对画面中位置关系的把握，创造出独具个人风格的构图形式。莫兰迪作品中的瓶子多采用平行排列的方式使形态间相互紧密覆叠，在相邻色块的微差变化中，营造平静而舒缓的节奏感。克利的作品《最后的静物》在两块分离的大色块之间采用深色进行间隔，造成遥相呼应的态势。克里姆特的作品中，人物和人物之间，以及人物和周围背景之间通过布料的透叠、重合，使画面中的轮廓相互融合，产生华丽纷杂的视觉感受（图4-13）。

四、形态的发展

我们对具象形态的认识经历了从自然形态，到写实形态，再到归纳变形的图像认知过程。法国纳比派的理论家德尼认为，在绘画中形态的变形有两种类型："客观的变形，它基于纯美学，装饰概念，以及色彩和构图的技术要素；再就是主观的变形，它使画家个人的灵感得以发挥。"客观的变形是指视知觉的"整平化"过程，将形态中不规整的部分削弱，淡化个体差异，使形

图4-14 形的平面化 马蒂斯作品

图4-15 形的几何化与抽象化 夏加尔作品

态完整、易识别。主观的变形则是遵循绘画者的感受，表现独特的自我，使个性特征"尖锐化"的过程。通过将形态中重要的信息夸大，使画家的主观感受表现得更明确。在实际的绘画当中，变形的主观性和客观性往往是密不可分的。只强调客观性和整平化，将走向毫无个性色彩的图案式的规整制图；只强调主观性和尖锐化，丧失了客观性和真实感，最终将导致识别的困难。优秀的作品往往二者兼顾，在主观表现与客观再现之间求得契合的个性化表达。归纳变形的方式大致可以概括为以下几种。

1. 平面化

在色彩写生中，对形态的表现不必追求立体感和写实性，可以在色彩中去掉光源色和条件色的影响，对物体进行平面化处理，以大面积平涂的手法进行表现。平面化是现代绘画中常用的表现方式，现代绘画不断地从东方艺术中汲取灵感，中国和日本绘画中注重线条的形式感和对形态的平面性处理，这一观念深刻影响了现代绘画的造型语言。高更、马蒂斯、克里姆特等画家都在自己的画作中融入了平面化的东方色彩，使作品既具有象征主义语言，又有独特的装饰韵味（图4-14）。

2. 几何化与抽象化

现代绘画中对形态的几何化归纳源于塞尚，塞尚曾提出"以球体、圆锥和圆柱的观点去观察自然。"[①]在他的作品中，不论是山峦树木还是杯盘水果，都呈现出几何化的、规整而清晰的轮廓，造型稳定而坚实。在此之后的现代绘画不断探求造型元素的形态本质，从规整外形开始，逐步把具象形态概括到只用点、线、面进行组合表现。从纳比派、野兽派、立体派，再到从教于包豪斯学院的莫迪里阿尼、康定斯基、蒙德里安，最终形成了从自然形态、几何形态到抽象形态的蜕变（图4-15）。

---

① ［英］E. H. 贡布里希. 艺术的故事[M]. 范景中，译. 南宁：广西美术出版社，2016：574.

3. 形的分解与重构

对形态的观察和认识与观察的方法密切相关。传统的西方绘画以焦点透视法观察取象，往往会受到视角的限制，使造型流于雷同，平淡无奇。为了表现更丰富多意的形象，可以通过视点的移动，截取多角度的形态片段，并置于同一个画面中。立体主义和未来主义的绘画理念即来自于此，通过截取在不同时空观察到的图形片段，重新整合到一幅画面中，产生时空交错的视觉印象。古埃及壁画中的人物形态也采用了多点观察取象的方式，称为"正面律"：正面的眼睛，安置在人头部的侧面像中，上身部分为正面，腰部以下为四分之三侧面，双脚又回到全侧面的形态，通过灵活变换视角，来表现身体各部分最易识别的形态特征。中国传统图形也有很多类似的构图方式，例如在表现荷花、石榴、桃花等吉祥图案时，往往将不同季节的花、果、籽实、根茎巧妙地结合成完整的一枝，把所有部分的形态之美集合表现出来。这种对形态的分解与重构，是以叠加的装饰手段进行构图，它可以突破客观现实的局限，赋予画面超越时空的丰富性和多意性（图4-16）。

图4-16 形的分解与重构 民间刺绣作品

第三节　色彩表现

色彩表现是相对于色彩再现而提出的概念，在传统写实绘画中依据对固有色的观察再现自然的色彩，以肖似和仿真作为最高的艺术追求。现代绘画则逐渐摆脱了这一观念，对色彩表现力的发掘深入到对人的心理和情感展现的层面，通过色彩的表现力来触发人的情感体验。那么，如何脱离固有色的束缚，使色彩关系进入到主观表现的层面？只有了解色彩内在的表现语言才能自主地支配色彩，创建充满个性语言的色彩关系，抒发主观情感。每个画家的观念、偏好、感受不同，色彩表现力"尖锐化"的方向也不尽相同，个性突出的绘画作品中既有对事物的敏锐感知，又有理性的思辨和判断。一幅画中色彩表现力的产生既要有感性的、直觉的因素，也要有理性的归纳和分析。

一、色彩结构关系的表现

我们可以从色彩结构关系入手来分析色彩秩序、组织画面色调。色相、明度、纯度是构成色彩的三种要素，多色并置所形成的色调效果也是建立在这三种色彩要素构建的关系框架中，可以形成高明度调、低明度调；高纯度调、灰度调；暖色调、冷色调等色调组合。

一个色块在明度、纯度、色彩倾向三者间的变化微调，可以直接影响周围邻近色块的色彩感受，进而影响整个画面的色彩结构关系。局部与局部会形成色彩关系，局部与整体也会形成色彩关系。色彩艺术既要有感性的直觉，也要有理性的分析，画面调整的过程是感性与理性的有机结合。通过直觉感知和审美经验，我们可以获得对一幅彩画的初步整体判断：是明快而和谐的？还是含混而杂乱的？然后通过理性的分析，调整色彩的结构关系，求得更加和谐舒适的最终效果。一幅作品的色彩结构关系可以从五个方面进行调整：色相关系、纯度关系、明度关系、面积关系、位置关系。通过对上述每一单项的色彩关系进行分析，可以帮助我们了解色彩表现规律，有秩序地厘清色彩关系。在一幅画面中，色彩结构关系是内在的秩序和灵魂，是影响画面艺术表现的关键因素。

1. 色相关系

（1）同类色调

类似色也称为同类色，它们都含有同一种色彩元素，比如在色环中大红同两边相邻的朱红、曙红即为同类色。所有间隔不超过40°的颜色都可以称为同类色。同类色的配合会产生和谐一致的审美感受，柔和、单纯、平静（图4-17）。

（2）邻近色调

邻近色调的色彩间隔跨度大于类似色，一般是指在色环上间隔40°~90°的颜色。邻近色中都含有部分相同的色彩元素，比如大红和橙色，都含有红色的成分；曙红和紫罗兰都含有紫色的成分。邻近色搭配可以产生协调的色彩关系，大统一中有小对比，温和而沉着（图4-18）。

图4-17 同类色

图4-18 邻近色

图4-19 对比色

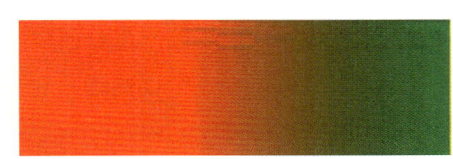

图4-20 互补色

（3）对比色调

对比色调是指在色环上色彩间隔置于90°～140°之间的颜色，三原色即互为对比色，三个间色也互为对比色，他们之间不含有共同的色彩元素，间隔跨度大，容易产生跳跃、明快、丰富的感觉（图4-19）。

（4）互补色调

过色环中点引一条直线，直线两端对应的颜色互为补色，例如：红色和绿色、紫色和黄色、橙色和蓝色，都是补色关系，互补色混合呈黑色或近似黑的浊灰色。互补色搭配，可以产生冲突、刺激、绚丽的画面效果（图4-20）。

运用色相对比是民间艺术中常见的色彩组织方法，西方的玻璃镶嵌画、古埃及的首饰镶嵌工艺、中国传统刺绣、波斯织毯等传统装饰艺术，都是运用色相对比来创造华美绚烂的装饰效果。

2. 明度关系

（1）高明度色调

浅淡的颜色被称为高明度色，如黄色系、天蓝、浅绿、粉红等高明度的色彩并置后，相互之间对比较弱、色感不强，色彩关系柔和、轻盈、明朗、有年轻化的倾向。

（2）中明度色调

中明度色调是指画面中的色彩基本都是中等明度，如翠绿、朱红、大红、钴蓝、群青等色，色感饱满，形成的色彩关系相对沉着、含蓄、温厚。

（3）低明度色调

深暗的色彩被称为低明度色，如深蓝、赭色、橄榄绿、土红等低明度色彩所组成的色调关系具有古旧、沉郁、凝重的感觉。

（4）明度的强对比色调

明度强对比色调，比如黑色与白色、淡黄与深红等并置在一起时，会形成强烈的视觉冲突，色彩并置时因明度的对比悬殊会产生割裂的、相互排斥、挣脱的态势，具有醒目、刺激、锐利、激烈等情感反应。

（5）明度的弱对比色调

相近明度的色彩，如粉红和浅绿、白色和灰色、黑色与深灰等色块并置在一起时，会产生边界模糊的感觉，在色觉中有融合成一体的错觉感，从而产生和谐、平缓、舒展、放松的情感反应。

3. 纯度关系

（1）高纯度色调

由纯色组成的色调称为高纯度色调，在这样的色调组合中，每种色彩都是高纯度色彩，个性鲜明、艳丽醒目，当它们并置在一起时，视觉对色彩的感受最强烈、最兴奋，画面呈现出高亢热烈，充满活力的气氛。

（2）含灰色调

含灰色调是指在高纯度的色彩中掺入其他色彩成分，使颜色呈现的色彩饱和度降低。与高纯度色相比，含灰色调的色感不那么醒目，产生的情感投射更加细腻微妙、含蓄而丰富。掺入白色的颜色在降低纯度的同时，会提高明度，并趋向冷色调的倾向，产生安静而欢快的效果。当彩色掺入黑色来降低纯度时，会使色彩失去明亮的光泽感，显示阴暗、肮脏、压抑等负面的情绪。掺入灰色的颜色会变得暗淡和中性化。由含灰色调构成的对比关系具有柔和、雅致、含混、乏力的感觉。

（3）鲜灰对比色调

在同类色相、同等明度的前提下，鲜艳的饱和色同含灰色调并置时，鲜艳色块的个性会被冲淡或中合，而相邻的含灰色块会变得生动，色彩倾向更明确。鲜艳色调与灰色调的对比可以产生微妙的色彩共振效应，使色调产生融合感，丰富画面的色彩层次。

4. 色彩的面积关系

面积关系关注画面中各个色域占有的面积比例对画面的影响。伊顿在《色彩艺术：色彩的主观经验与客观原理》中指出："两种因素决定一种纯度色彩的力量，即它的明度和面积。"在一幅画作中，一种色彩是否占有主导地位不只取决于它的明度和纯度，还与它在画中的面积比例密切相关。"万绿丛中一点红"即是一种红绿补色关系在对比冲突中取得的面积比例关系。面积关系是一种多与少、大与小之间的对比。

人的视觉在接受中等明度的中性灰色时感觉最舒适，和谐的感受即来自于此。当两种以上的色域同处于一个画面时，它们的色量比例相当才会显示出和谐感，也就是不让一种色彩比另一种色彩使用得更突出。因此，当一个色域的明度明显高于周围色域时，可以通过缩小其面积的方式，求得与周围色域在整体色量方面的平衡。也就是说，一个色域的明度值应与它的面积值成反比。明度越高，越醒目的色彩，面积应该越小，才能与周围的色彩取得平衡与和谐。

歌德为色彩的明度设定了比值。黄色的明度接近白色，它的明度值最高；紫色的明度接近黑色，明度值最低，具体数值如下：

黄：橙：红：紫：蓝：绿

9：8：6：3：4：6

由此得到每对互补色的明度比值如下：

黄：紫 = 9：3 = 3：1 = 3/4：1/4

橙：蓝 = 8：4 = 2：1 = 2/3：1/3

红：绿 = 6：6 = 1：1 = 1/2：1/2

依据上文中明度比值与面积比值应为反比的推定，我们可以得到互补色和谐色域的面积比值，它们应与明度比值正相反：

黄：紫 = 1/4：3/4

橙：蓝 = 1/3：2/3

红：绿 = 1/2：1/2

在同等纯度的情况下，当黄色色域占画面的1/4，紫色色域占画面的3/4时，可以得到和谐的面积比，这时视觉的舒适度是最高的。同样，橙色色域占画面的1/3，蓝色色域占画面的2/3，以及红色和绿色各站1/2时，都可以得到和谐的面积比。在绘画实践中，色域往往是由不规则甚至不连贯的色块组成，并且多层次地交错重叠出现，难以用简单的数字关系来衡量。面对复杂的画面，我们需要依据感觉进行大体的判断，在实践中要依赖视觉感受去体会，毕竟绘画是充满感性体验的艺术，不能完全依靠数值化的归纳来完成。

　　从另一个角度来看，和谐的比例关系固然可以产生稳定的舒适感，但是也会成为一种限制，色彩的力量感被中合后会导致平淡与乏味。为了追求新鲜独特的画面效果，可以在画面中突出一种色域的面积形成主导色，使整体关系脱离和谐的比例。这时画面效果便脱离了和谐与平庸，显示出富于表现性的个性特征。根据不同的主题、不同的艺术感觉和个人审美趣味，主动把握色彩面积关系，调整色域比例，可以创作出充满个性特质的作品，构成丰富多样的画面表现（图4-21）。

5. 色彩的位置关系

　　同时对比是指不同色域并置时，对视觉感受的影响。色彩之间的位置关系包括相邻、围合、间隔三种情况，可以形成各不相同的同时对比效果。

　　当两个不同色相的色块相邻并置时，两色之间的对比最强烈，尤其是在相接的边界地带，色彩对比的感觉会增强，纯度和明度的差异都会变得更鲜明。由于视觉残像的影响，一方的色彩感觉会偏向相邻色块的补色。例如，当橙色与绿色相邻时，橙色会因为绿色的影响，在感觉上偏向绿色的补色——红色，从而呈现红橙色的感觉；而绿色则会在感觉上偏向橙色的补色——呈现偏蓝味的绿色调。在一个色块包围另一个色块时，这种对比效果更强烈，会在视觉上造成突出和强化的作用，从而形成画面的视觉中心。当两色之间有间隔色（黑、白、灰、金、银）使之相互远离时，对比关系变弱，画面的平衡感和安定感会增强。色彩间隔是调和色彩的冲突，获得画面的节奏感和均衡感的重要手段（图4-22）。

图4-21　色彩的面积关系　高更作品

图4-22 色彩的位置关系 阿利卡作品

图4-23 暖调 博纳尔作品

二、色彩生理感受的表现

色彩信息经过视网膜的接收,反馈到大脑视神经中枢,使我们感受到了色彩信息。与此同时还能引起一系列与色彩相关的生理反应和心理反应,例如冷暖感、距离感、重量感,等等。这些生理功能性反应不会受到审美观念、文化偏好的影响,是人类共有的感受,有着广泛的共通性。在绘画和设计中恰当运用色彩的通感,有助于丰富画面的表现手段,强化作品内在的感染力。

1. 冷暖感受

对冷和暖的感觉来自于生活中的触觉经验,也可以直接由视觉感受而产生。当我们看到橙红色的火焰时,便能感受到热源辐射的暖意;看到青色的湖水,清凉的感觉也会油然而生。色环上的红、橙、黄被称为暖色,能带给人热烈、温暖的感觉;蓝紫色、蓝色系列为冷色,能产生清凉、寒冷的生理感受。而绿色和紫色置于色环上红、蓝之间的位置,被称为中性色。

冷暖的感受也和色彩明度有关,同色相不同明度的色彩并置比较时,高明度的浅色有冷感;深重的低明度色则偏暖。

此外,色彩的冷暖感觉也表现在邻近色相的并置比较中。当玫红和朱红并置时,偏蓝紫味的玫红带有冷色调,而偏橙红倾向的朱红则呈现暖色调的感觉。偏蓝味的翠绿与偏棕调的橄榄绿放在一起比较时,翠绿偏冷,橄榄绿会感觉偏暖。这说明色彩的冷暖感并不是绝对的,是在并置比较中形成的、相对的色彩感觉(图4-23、图4-24)。

图4-24 冷调 博纳尔作品

2. 味觉感受

通常认为,色彩的味觉感受来自于生活经验中对食物色彩的认识。例如:成熟的果实呈现深红、橘红色,未成熟的果实呈现青绿色。在味觉感受经验的影响下,看到色彩饱满的红色系,我们就能联想到多汁的、甜甜的味道;看到青绿色则会产生酸涩的味觉感,"望梅止渴"的典故,便是利用了味觉经验与视觉的通感,通过色彩暗示使人产生酸涩感,继而激发了口舌生津的生理反应。一般来说,偏粉的青绿色有青涩的味感,柠檬黄以及掺有柠檬黄成分的黄绿色和黄橙色有酸味感;偏粉色的、柔和的红橙色系有甜味的感觉;而深暗饱满的红色则有辣味感;浅色的冷灰和蓝色带有咸味感;深暗的棕灰、绿灰和紫灰则有苦涩的感觉。在绘画和艺术设计中,我们可以借助色彩的味觉感受来表现人生的情感体验;也可以在食品的商品包装设计中,用适当的色彩来表现产品的味觉体验(图4-25、图4-26)。

3. 听觉感受

在讨论色彩关系时,会频繁地使用"调子""节奏""韵律"等与音乐相关的词汇。高更曾说过:"色彩像音乐一样震荡,能够获得自然中最普遍的,同时又是最难捉摸的东西——这就是它的内部力量。"当色彩按照一定的排列规律在画面中反复出现时,强与弱的对比产生视觉信号的反复颤动,从而形成了秩序与节奏。简单的强弱组合可以形成明确的节奏感,多重的色彩组合关系可以获得更丰富的韵律变化。

不同的音色和音调也与色彩感受有着内在的联系。高明度高纯度的色彩一如高亢而响亮的乐曲,能够吸引人的注意力,起到振奋精神的作用;对比色相的低纯度色调有浑浊嘈杂的感觉;节奏舒缓、音色清澈的乐曲可以用冷色调的色彩组合来表现;而喜庆热闹、节奏欢快的乐曲与

图4-25 苦辣色调 毕加索作品

图4-26 甜美色调 毕加索作品

图4-27 《蓝色和银色的夜曲：老巴特西桥》惠斯勒作品

暖色调的色彩组合有着内在的对应关系（图4-27）。

4. 距离感

当我们观察同处于一个平面中的红色和蓝色时，会先发现红色，而后才会看到蓝色。产生这一现象最基本的原因是色彩波长的差异。波长长的色光，如暖色系的红色、橙色等有向前突进的视觉效果；而波长较短的冷色系，如绿色、蓝色、紫色则有停滞不前，甚至向后退缩的感觉。

色彩的距离感与色彩的色相、明度、纯度、面积、环境色等因素都有密切的关系。特别是环境色的对比效果，对距离感的产生至关重要。当色彩的明度、纯度与背景色形成强烈反差时，色块会产生凸显于背景之前的距离感，色彩对比越强，前进感越强。而当色彩的明度、纯度与背景色相接近时，色块则会显得贴近背景，融入环境之中。

5. 胀缩感

通常来说，暖色和高明度色有膨胀的视觉感。黄色的膨胀感最强，有突破边界向周围扩张的运动感。康定斯基曾在《论艺术的精神》里这样来论述他对黄色的感受："黄色的第一种运动，即向观者接近的运动，而第二种运动，即向界限之外延伸的运动……如果我们看见黄色处在任何一个几何形之中，它一定会有扰乱人心的影响，会呈现一种持久的、挑衅性的特点。"[1]

冷色和低明度色则有着向内收缩的视觉感，使它们

---

[1] ［俄］康定斯基. 艺术中的精神[M]. 李政文，魏大海，译. 北京：中国人民大学出版社，2003：80.

的面积看上去比实际尺寸要显得小。同等面积的橙红色块和暗蓝色块并置时，暗蓝色会显示出向内收缩并且背向观者远离而去的视觉感。

三、色彩心理感受的表现

色彩不仅能引起一系列的，如冷暖、胀缩等直觉性的生理反应，还能对更复杂的思维活动——情绪和情感，产生一定的影响，这被称为色彩的心理效应。色彩可以使人产生诸如喜悦、兴奋、温柔、平静、压抑、冷漠等的情感投射。实验证明，可以通过对人居环境的色彩的设计，实现对人的心理干预，从而影响人们的反应和行为，对色彩心理感受的运用广泛存在于绘画艺术和各种艺术设计的实践中。毕加索年轻时代的绘画创作经历了蓝色时期（1900—1903）和粉红色时期（1904—1907），在蓝色时期，毕加索经历了人生的低潮期，在画作中以蓝色为主调，表现内心的忧郁、压抑的情感体验。在其后的粉红色时期，毕加索的生活开始出现转机，他在画中大量使用玫瑰色、柔和的粉红色，来表现这一时期的心理感受，青春、爱情、希望成为绘画的主题。他在作品中利用色彩来传达自己的心理感受和情感体验，确立了鲜明的个人风格（图4-28、图4-29）。

图4-28 蓝色时期作品（毕加索作品）

图4-29 粉红色时期作品（毕加索作品）

1. 色彩的心理感受（表4-1）

表4-1　　　　　　　　　　色彩的心理感受

颜色	情感
红色系	热烈、喜悦、力量、危险
橙色系	华丽、明朗、耀眼、焦躁
黄色系	光明、希望、喧闹、刺激
绿色系	丰饶、宁静、被动、魔力
蓝色系	理智、永恒、悠远、冷漠
紫色系	高贵、珍稀、虔诚、蒙昧
土色系	古朴、温和、坚实、穷苦
灰色系	文雅、平凡、忧郁、荒凉
黑色	严肃、压抑、悲哀、邪恶
白色	纯洁、神圣、虚无、脆弱

2. 色调的心理感受（表4-2）

表4-2　　　　　　　　　　色调的心理感受

色调	情感
纯色调	华丽、喧闹、活跃、刺激
含灰色调	质朴、雅致、内敛、含蓄
高明度调	清澈、明媚、欢快、柔弱
低明度调	深邃、沉着、稳重、刚强
明度强对比色调	鲜明、有力、清晰、安定
明度弱对比色调	朦胧、柔和、含混、深邃
暖色调	甜美、积极、活泼、温情
冷色调	悠远、消极、冷静、理性

四、色彩审美感受的表现

　　色彩感受不仅仅是生理感觉和心理投射的结果，更是一种主观态度，是审美观、价值观的体现。对色彩审美的定义会受到诸多因素的影响，比如：时代风尚、地域文化、道德规范、社会阶层、年龄层次、成长经历、宗教信仰,等等。同一种色彩,在不同的文化语境中往往有着不同的审美判定,被赋予了各不相同的象征意义。在我国,红色自古至今一直受到人们的喜爱,每每在喜庆的场合使用红色,表达欢乐吉祥之意。蓝色象征着天空和远山,在欧洲中世纪的宗教艺术中,蓝色代表忠诚、谦逊和信心。它是圣母玛利亚的专属色,寓意"神的侍女"。在爱尔兰,则对绿色有特别的偏爱,每年春天的圣帕特里克节都以绿色作为节日的象征,举国装饰着绿色游行欢庆。如此等等,不胜枚举。这些赋予色彩的象征意义,使色彩具有了更丰富的社会语义,可以引起文化上的认同感,形成群体性的审美体验,成为一种精神力量的表达。我们可以以色彩的象征为依据,在现代色彩的写生实践中运用象征性的色彩,脱离自然色彩的束缚,激发创作的想象力,为色彩的主观表现和创作提供借鉴的方向(图4-30至图4-33)。

图4-30 中国木版年画

图4-31 印度细密画

图4-32 古埃及壁画

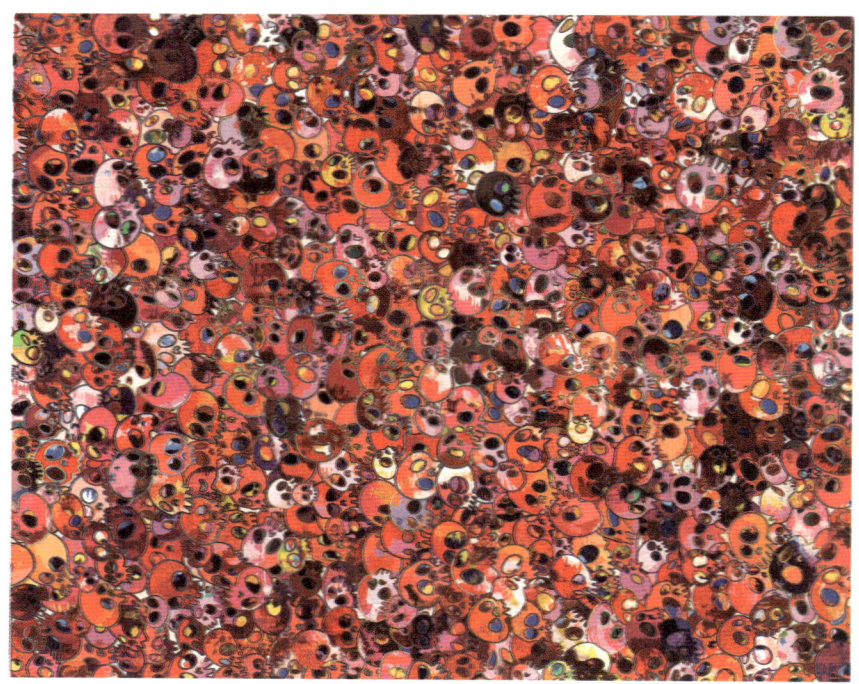

图4-33 当代艺术家村上隆作品

本章小结

本章全面分析了色彩表现语言的各项形式要素。阐述了构图中骨架线的应用、视点的变化和画面边框的处理。在画面形态的构成关系部分，分析了图底关系、黑白灰关系、形的位置关系，以及形态的发展对画面表现造成的影响。着重阐释了色彩的表现语言，即色彩的结构关系、色彩的生理感受、色彩的心理感受、色彩的审美感受带给人的审美体验和情感体验。通过对本章内容的学习，可以帮助学生对色彩感受产生深刻的认识，开阔视野，提高对色彩表现语言的领悟力。

课后思考与练习

1. 封闭式构图练习。
2. 开放式构图练习。
3. 以四至五个梯度的黑白灰色层概括物象的写生练习，注意各色层间的面积比例，层次穿插和节奏韵律。
4. 以平面化处理为主要表现方式的写生练习。
5. 以邻近色组合为主要色彩结构关系的写生练习。
6. 以对比色组合为主要色彩结构关系的写生练习。
7. 高纯度色调写生练习。
8. 强调色彩面积对比的写生练习。

第五章
设计色彩的借鉴与应用

PPT 课件，
请扫码阅读

◁ 本章知识点

中国传统绘画中的色彩
民间艺术中的色彩
现代艺术中的色彩
视觉传达设计的色彩应用
服装设计的色彩应用
产品设计的色彩应用
环境艺术设计的色彩应用

◁ 学习目标

通过对本章内容的学习，掌握中国传统绘画的色彩知识，学习民间色彩应用的规律；了解现代艺术中色彩表现的发展，从而做到在设计中灵活借鉴；了解各类设计专项对色彩应用的要求和限制；根据不同设计专项的特点，针对用户需求和市场需要，来进行色彩的构思和应用。学习将前面学到的色彩学理论知识、色彩对生理和心理的影响、色彩的审美原则，应用于各个专项的设计实践中。

第一节 设计色彩的借鉴

设计色彩的配色方案不仅可以从写生归纳中获得，还可以广开思路，从更广阔的艺术空间中寻找启发和借鉴。借鉴传统、借鉴经典、借鉴生活中约定俗成的配色经验，可以使设计色彩给人以更丰富的情感联想，增加设计的文化底蕴，既能产生独特的审美感受，也能够在熟悉这些配色方案的受众中获得认同感，增加作品的亲和力、感染力。

一、中国传统绘画艺术中的色彩

中国传统绘画历经几千年的发展，形成了丰富多样的色彩表现形式以及成熟系统的色彩理论。在《周礼·考工记》中有载："画缋之事，杂五色。东方谓之青，南方谓之赤，西方谓之白，北方谓之黑，天谓之玄，地谓之黄。"秦汉时期，用色的五行之说既已成为能够体现道德秩序的政治文化。以五色喻五德，五行相生为正色，正色是指青、赤、黄、白、黑。此外还有间（闲）色：绿、红、碧、硫黄、绀、缥、紫等。马王堆汉墓出土的帛画以红褐色为底，其上绘制的人物、日月、龙、豹、鸟等，并不考虑对象本身自然的色彩，而是施以朱红、石青、藤黄、白、黑，体现了以五行喻五色的象征性色彩观念（图5-1）。

魏晋南北朝时期，随着佛教的传入，佛教造像和佛龛壁画艺术随之盛行。从前秦十六国时期开始兴建的敦煌莫高窟，经魏晋隋唐至元代停建，集洞窟建筑、彩塑、绘画于一体，创造了辉煌灿烂的艺术篇章。敦煌壁画在千余年的发展中，不但反映了中华文明传统艺术的发展变迁，同时还吸收了西域诸国古代艺术成就。在北魏至唐代的敦煌造像和壁画中，伊朗、印度甚至希腊等外族艺术的影响尤为明显，色彩瑰丽、繁复绚烂。常用到的颜色以矿物色为主，主要包括朱砂、铜绿（硅孔雀石）、群青（青金石）、密陀僧（铅黄）、赭石（赤铁矿）、玛瑙末、利九、黑曜石、黑朱、岩焦茶、蛤粉、松绿、空青、钴蓝、红珊瑚、瓦岗红、小豆茶、咖啡色、香妃、雄黄、元岩肌、赤茶等。这些纷繁美丽的色彩赋予了敦煌壁画无与伦比的视觉震撼力，历经千年，当年的娇艳明丽虽被岁月侵蚀变得黯淡，但是愈加显现出优雅含蓄、沉厚古拙的沧桑之美，成为后世膜拜瞻仰的艺术瑰宝、取之不竭的灵感源泉（图5-2至图5-6）。

自唐代始，山水画逐渐成熟并开始独立，出现了以水墨渲染为主的水墨山水。在唐代张彦远所著的《历代名画记》中提出了墨分五色："夫阴阳陶蒸，万象错布，玄化亡言，神功独运。草木敷荣，不待丹碌之采；云雪飘扬，不待铅粉之白；山不待空青而翠，凤不待五色而翠。是故运

图5-1　马王堆1号墓帛画

图5-2 敦煌壁画1观世音菩萨像局部

图5-3 敦煌壁画2天王像局部

图5-4 敦煌壁画3

图5-5 敦煌壁画4

图5-6 敦煌壁画5

墨而五色具,谓之得意。意在五色,则物象乖矣。"初指以不同明度的墨色追仿五色的色彩感,至后世发展成表现笔墨意趣的各种变化:焦、浓、重、淡、清,或加白色合称"六彩"。墨色与水分多层次地配合,加之用笔的轻重、皴擦、提按、顿挫,成就了中国传统文人画以水墨为要,注重意境表现、情怀寄托的审美追求。以墨为主的色彩变化更加注重以墨色的浓淡形成层次分明的明度色阶，只以不同明度的墨色组合即可以使画面呈现丰富多样的气度和意境。以浓重的墨色构成画面可以呈现沉郁、厚重之感，淡墨为主可以表现水汽氤氲的清逸缥缈，重墨与淡墨的适度对比则可以形成舒朗明快的画面效果（图5-7至图5-9）。

图5-7 《江干雪霁图卷》局部（传）唐 王维

图5-8 徐渭 四时花卉图卷

图5-9 《鱼》清 朱耷

南朝谢赫提出的"随类赋彩"总结性地概括了中国传统绘画的用色范式，即分别物类，依类而设色。面对纷繁复杂的摹写对象，并不像西方写实绘画那样完全忠实于描绘对象的固有色和光影效果，而是在观察客观对象固有色的同时，进行分类和简化处理。这既是古人在当时物质条件限制之下，因色彩种类较少，不得已为之的权宜和变通，也是中国传统绘画不拘于物象外观，重视意境表现的绘画观念使然。中国画的颜色主要包括矿物性颜料和植物性颜料两大类。矿物性颜料主要包括赭石、朱膘、朱砂、石青、石绿、石黄、金粉、银粉、白粉等，这一类颜料不透明、覆盖力强、适宜重彩积染，可以形成浓重富丽的装饰性效果。植物性颜料主要有花青、藤黄、洋红、胭脂等色，以植物性染料掺和水分晕染形成的淡彩，可以使画面呈现淡雅、轻盈、清亮、运笔痕迹清晰的画面美感（图5-10至图5-13）。

图5-10 《江帆楼阁图》局部 唐 李思训

图5-11 《芙蓉锦鸡图》宋 赵佶

图5-12 《藤萝蜜蜂》齐白石

图5-13 《千里江山图卷》局部 宋 王希孟

二、民间艺术中的色彩

在20世纪初的五四新文化运动中,民俗学者首先提出"民间艺术"的概念。民间的门神、年画、木雕、石雕、纸马等绘画、雕刻、建筑艺术被定义为"民间艺术"或"民俗艺术"。民间艺术的形式种类繁多,涉及日常生活的各个方面。这些日常所见的物件,或是出现在特定的节令活动中,承续传统礼俗;或是应用于日常起居中,体现民风民情。它们既是上层艺术发源的母本,也是民族传统文化最直观的物化表现形式。我们日常所见的民间艺术的种类主要包括民间版画、剪纸、刺绣、编结、印染、泥塑、木雕、面塑等。这些民间艺术种类在色彩的应用方面既丰富多样,又有一定的规律可循(图5-14、图5-15)。

民间艺术的色彩应用主要遵循以下两种原则:

其一是色彩的象征性原则。民间美术在色彩的应用方面秉承了古已有之的五行之说,以五色(黑、赤、青、白、黄)喻五行(水、火、木、金、土)。把对自然世界的认识和感应融汇成视觉符号,赋予特定的文化意义。民间的剪纸最常见于节庆礼仪和祭祀丧礼,俗称红白喜事。节庆婚典中用到的剪纸以红色为主,杂饰五彩,象征着喜庆吉祥、红火热闹。祭祀丧礼中用到的剪纸则为白色、黄色、深蓝、深紫等,肃穆庄重以示沟通神灵、祈护庇佑。现存最早的剪纸实物是出土于新疆高

图5-14 山东鲁锦

图5-15 山东面塑花饽饽

昌地区，晋代北朝时期的麻纸祭祀用纸，一幅为蓝色，其余皆为土黄，包括纸钱、纸鞋、纸人、团花剪纸图案等。戏剧脸谱、社火脸谱中的用色也是以色彩的象征意义来表现的，陕西关中地区社火脸谱的设色口诀称"红色忠勇白为奸，黑为刚直灰勇敢，黄色猛烈草莽蓝，绿是侠野粉老年，金银二色色泽亮，专画妖魔鬼神判"。这种将色彩于赋予性格象征意义的概念化表达，在秦腔、京剧甚至藏戏等戏曲脸谱艺术中也有相似的呈现（图5-16至图5-20）。

图5-16 山东社火脸谱木雕 五行——水 侯志新作

图5-17 山东社火脸谱木雕 五行——火 侯志新作

图5-18 山东社火脸谱木雕 五行——木 侯志新作

图5-19 山东社火脸谱木雕 五行——金 侯志新作

图5-20 山东社火脸谱木雕 五行——土 侯志新作

其二是设色的主观性原则。民间艺术是根植于民间的、生活的艺术，表达了普通民众对美好生活的向往。在审美取向上表现出简洁率真、热烈饱满的特点，具有丰富的想象力和理想主义色彩。在色彩的应用上不拘于对自然色彩的模仿，而是大胆夸张地依据主观喜好进行设色搭配，并在相互交流和借鉴中积累了丰富的色彩搭配经验。在民间织锦、年画、刺绣、皮影制作等项目中有很多流传的设色口诀，简洁明了、诙谐生动：

① 红靠黄，亮晃晃。

② 要想精，加点青。

③ 青间紫，不如死。

④ 红要红得鲜，绿要绿得娇，白要白得净。

⑤ 青紫不并列，黄白不随肩。

⑥ 红搭绿，一块玉。

⑦ 红间黄，喜煞娘。

⑧ 紫是骨头绿是筋，配上红黄色更新。
⑨ 黄马紫鞍配，红马绿鞍配。
⑩ 黄身紫花，绿眉红嘴，显得鲜明。
⑪ 红离了绿不显，紫离了黄不显。
⑫ 光有大红大绿不算好，黄能托色少不了。
⑬ 艳不俗，淡相宜。
⑭ 色多不繁，色少不散。

这些配色口诀反映了广大普通民众的审美智慧，是充满生命力的，最朴素的色彩知识总结（图5-21至图5-23）。

传统的民间艺术不止包括汉族地区的传统民俗，也包括广大少数民族地区的民间技艺。有些少数民族地区的民间艺术形式源于中原汉族地区，随着时代更迭，中原汉族地区已逐渐消失的民间手工艺在偏远闭塞的少数民族地区保留继承了下来，并发展出了本民族的风格特点。如贵州少数民族聚居地区依然保

图5-21 《娘娘婆逗儿哥》陕西剪纸 库淑兰作

图5-22 《三顾茅庐》皮影

图5-23 《老鼠嫁女》湖南滩头年画

留着传统的蜡染工艺,用蜡染布制成各种衣饰和生活用品。蜡染布一般为蓝底白花,画工细腻,素雅清丽。扎染古称绞撷,工艺简便而流传甚广,尤其在四川峨眉自贡、云南大理、湖南湘西等地最为盛行。扎染的色彩变化相对丰富,扎制后以植物染料浸染,可以呈现青、蓝、红、褐、茶色等多种底色,相比蜡染更显活泼绚烂。艾德莱斯绸是新疆地区独具特色的丝织品,可以制成连衣裙、维吾尔小帽等服饰用品。采用扎经染色工艺制成,织出的图案色彩绚丽,于规则中现变化,灿如鸟羽(图5-24至图5-27)。

还有一些植根于各地少数民族传统中的艺术形式,像西南少数民族地区的苗族、瑶族、侗族等少数民族,在他们的传统民族服饰中,用色彩和刺绣纹饰记录了民族记忆中最古老的信息,尤其是苗族的服饰刺绣,被称为穿在身上的民族史诗(图5-28至图5-30)。

图5-24 苗族蜡染

图5-25 白族彩色扎染

图5-26 白族单色扎染

图5-27 维吾尔族艾德莱丝绸

图5-28 传统苗族绣衣上的蝴蝶妈妈

图5-29 瑶族刺绣背牌 瑶王印

图5-30 土族盘绣 蛇盘九蛋（盘长）图案

三、现代艺术中的色彩

我们不但要学习中国传统艺术和民间文化遗产中对色彩的认识和应用，也应当学习现代艺术领域中各种流派、各种艺术观念影响下的艺术作品，从中借鉴配色方案，启发设计创作构思。在现当代诸多艺术流派的作品中，有许多着重于色彩表现的艺术家及其艺术作品是我们在设计色彩学习中应当了解和关注的。

蒙德里安（Piet Mondrian）是20世纪著名的画家，他与杜斯伯格等人创立的"荷兰风格派"是现代主义设计的重要来源。在他后期的创作中，常使用黑色线条分割画面，以白、灰、和红、黄、蓝三原色组成的几何色块进行搭配，形成简洁清晰的色彩关系，反映了追求纯粹抽象的美学思想，也被称为冷抽象风格。蒙德里安的绘画对当代艺术和设计产生了深远的影响，在当代建筑、产品、平面设计中到处看到对蒙德里安冷抽象风格的再创作。如荷兰工业设计师里特维尔德设计的"红蓝椅子"和"施罗德住宅"，法国建筑大师勒·柯布西耶设计建造的"朗香教堂"，以及法国服装设计师伊夫·圣洛朗设计的"蒙德里安裙"，等等。（图5-31至图5-35）。

图5-31 《胜利》蒙德里安作品

图5-32 《红蓝椅子》里特维尔德作品

图5-33 施罗德住宅 里特维尔德

图5-34 《朗香教堂》柯布西耶作品

图5-35 《蒙德里安裙》伊夫圣洛朗作品

图5-36 莫兰迪色调的提取

图5-37 莫兰迪色调床品设计

乔治·莫兰迪出生于意大利的博洛尼亚，是意大利著名的版画家、油画家。早期的绘画被称为"形而上"时期，其后摆脱了现代绘画潮流，潜心投入到对静物和风景的表现之中。莫兰迪一生反复画着他的瓶瓶罐罐，在画面中探求着单纯宁静的画面结构和秩序，莫兰迪画中的色调静谧、雅致，所有的色彩都是灰调的中间色，按照一种柔和的对比关系摆布在画面之中，既不脏也不闷，精致高雅，显得神秘而远离喧嚣。这些色调组合带给人的审美感受暗合了当代设计思潮中"性冷淡风格""北欧风格"。从他画中提取的色彩关系被称为"莫兰迪色系"，被广泛应用于室内装饰设计、产品设计、包装设计、服装设计的色彩搭配当中（图5-36、图5-37）。

伊夫·克莱因是"观念艺术"的创始人之一，在他从艺的7年当中，创作了1000余件作品，其艺术创作的形式涵盖了偶发艺术、行为艺术、身体艺术、装置艺术等诸多领域，其中最具影响力的是著名的"国际克莱因蓝"。克莱因在工业化学家的帮助下，研制出一种添加了人造树脂的群青色，将其命名为"克莱因蓝"并进行了专利注册IKB（International Klein Blue 国际克莱因蓝）。克莱因认为，只有最单纯的色彩才能唤起最强烈的心灵感受力。他曾用橙色、蓝色、玫瑰粉红和金色绘制单色画，并将他的克莱因蓝从架上绘画延伸到现实世界当中。在一系列作品中，有蓝色雕塑、蓝色海绵、蓝色气球、蓝色建筑空间、蓝色人体，甚至是蓝色杜松子酒。曾有艺术评论家这样评论其作品"它们辐射出的蓝色炙热到几乎在触碰，甚至灼伤我的眼球"。克莱因创造的艺术形式打破了绘画原有的界限，对现当代的艺术创作理念产生了深远的影响。2007年，为了纪念这一颜色诞生50周年，设计界曾经推出一系列克莱因蓝的产品，包括服饰、箱包甚至汽车。时至今日，克莱因蓝依然是产品设计中频繁出现的色彩，靓丽而永恒（图5-38至图5-41）。

大卫·霍克尼在他的绘画生涯中一直对新的绘画媒介保持着旺盛的好奇心。无论是传真机、影印机、宝丽来相机还是iphone手机和ipad都被他应用于绘画创作。特别是利用iphone和ipad创作的数字绘画，这些

075

第五章
设计色彩的借鉴与应用

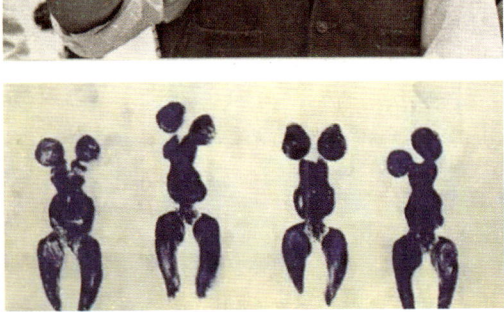

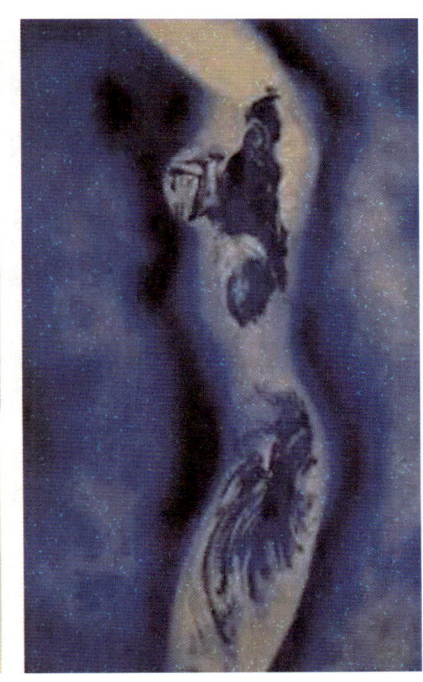

图5-38 克莱因蓝

图5-39 克莱因作品

图5-40 克莱因蓝 服装设计

图5-41 克莱因蓝 产品设计

图5-42　ipad数字绘画1 霍克尼　　图5-43　ipad数字绘画2 霍克尼　　图5-44　ipad数字绘画3 霍克尼

画作既可以通过互联网传播，也可以转印到画布上进行展示。霍克尼的数字绘画色彩明艳，大量使用高纯度的对比色和补色，表现出新媒体数字时代的色彩特征，对当代新媒体艺术产生了广泛的影响。电脑、手机、LED显示屏等数字终端上呈现的色彩可以表现出传统颜料绘画难以企及的亮度和纯度，使画面色调呈现前所未有的光泽感和纯净感。数字绘画在多层覆盖的时候依然可以保持每一层笔触的清晰，不会像传统绘画那样受到颜料混合的困扰。在质感的控制方面既可以模拟传统绘画笔触肌理的各种样式，又可以创建出充满科技感的平滑和光泽。数字绘画是当代设计者必须了解和掌握的新技能，它拓展了现代色彩的色域，将传统的绘画艺术带入了以数字化终端为传媒载体的新时代（图5-42至图5-44）。

第二节　设计色彩的应用

设计色彩不同于绘画艺术那样有自由发挥主观想象的广阔空间。每一类专项设计，不论是产品设计、广告设计，还是服装设计，都要根据不同设计专项的特点，针对用户需求和市场需要，来进行色彩的构思和应用。

第五章 设计色彩的借鉴与应用

设计色彩在各种专项设计中的应用必须兼顾专项设计的应用特点，要有针对性的组织色彩、表达设计构思，做到有的放矢、切合设计需求。

一、视觉传达设计

视觉传达设计包括印刷、包装、媒体传播等领域的视觉设计表现。首先，以广告招贴设计为例，来分析其对设计色彩的要求：广告招贴属于户外广告，要求张贴在影院、街区、车站、商业区、展览会等人流、车流密集的户外公共空间，广告的受众基本都处于行动的过程中，因此又被称为"瞬间"的街头艺术。其特点是必须以大画面、远视效果强、简洁清晰的画面视觉效果达到瞬间识别的目的。因此，在设计色彩的应用方面应当以强烈的明度对比和色相对比进行处理。通过夸张、限色、概括等表现方法进行色彩设计（图5-45至图5-48）。

而在商品包装设计中，对色彩的要求则应当涵盖以下几点：

① 包装色彩能否在竞争商品中有清楚的识别性；
② 是否很好地象征商品内容；
③ 色彩和其他设计因素的和谐统一是否能有效地表示商品的品质和分量；
④ 是否为商品购买阶层所接受；

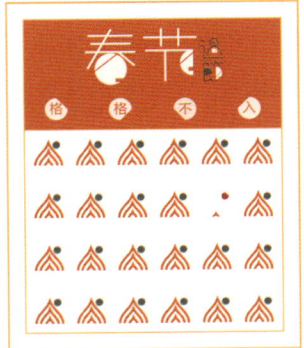

图5-45 广告招贴设计1
丛慧君设计 袁静指导

图5-46 广告招贴设计2
丛慧君设计 袁静指导

图5-47 广告招贴设计3
丛慧君设计 袁静指导

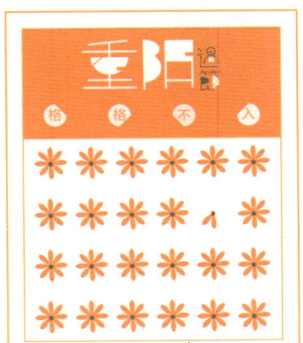

图5-48 广告招贴设计4
丛慧君设计 袁静指导

图5-49 化妆品包装设计

图5-50 食品包装设计

⑤ 明视度以及对文字的衬托作用如何;
⑥ 单个包装的效果与多个包装的叠放效果如何;
⑦ 包装的色彩在不同的市场、不同的陈列环境中是否都充满活力;
⑧ 商品的色彩效果是否不受色彩管理和印刷限制。

商品包装的色彩设计不仅要遵循上述的设计原则,还要兼顾商品的类别和用途,根据色彩的生理心理反应选择适当的色调。例如化妆品包装的用色以华丽、雅致、女性化的色彩感为主。糖果点心等食品类的包装设计则以橙色、黄色、红色、咖啡等暖色为主,可以使人产生对诱人味道的联想(图5-49、图5-50)。

二、服装设计

服装中的整体配色设计应当包括上下装、鞋帽、配饰以及发色和化妆,好的整体色彩搭配。在服装设计中,影响色彩设计的因素主要有以下几个方面:

1. 着装者的个人因素

着装者的个人因素包括肤色、年龄、性格、职业等不同方面。首先从肤色来说,要考虑不同肤色与服装色彩之间的对比关系,使肤色与服装色彩保持适当的明度对比,可以使着装者的肤色显得清亮悦目。肤色深暗的人要尽量避免在脸部附近使用接近肤色明度的棕色系和中灰度颜色。另外,服装色彩的冷暖倾向也要考虑与肤色对比时产生的补色效应,尤其是肤色偏暗的人,要避免服装颜色纯度过高、过低或偏暖。这会在补色效应的映衬下,使肤色显得浑浊沉闷。总体的原则是,根据不同的肤色倾向和明度,选择能将肤色映衬得明亮健康的色彩和色系(图5-51)。

色彩具有的心理暗示效应,可以使着装者显示出与色彩属性相应的性格特征。例如,粉红色具有温柔甜美的色彩性格,在护士工作服、美容师工作服、幼儿教师职业装的设计中使用粉色系,可以塑造温柔可亲的职业形象。藏蓝、深灰等深暗色具有冷峻、庄重、严格的色彩性格,因此,在执法、航运、交通等行业的职业装设计中,则多选择此类的色

第五章 设计色彩的借鉴与应用

彩作为职业制服用色，可以彰显严肃、稳定、可信赖的职业特点。浅淡的橙红色系、黄色系和绿色系可以产生青春、有朝气、娇嫩的心理联想，在设计中使用这一类颜色可以降低穿着者的年龄感，显得年轻化；反之，使用深暗的棕色系、橄榄绿、暗蓝、酒红等颜色为服装的主色，能够使着装者显示出超越真实年龄的稳重和成熟（图5-52、图5-53）。

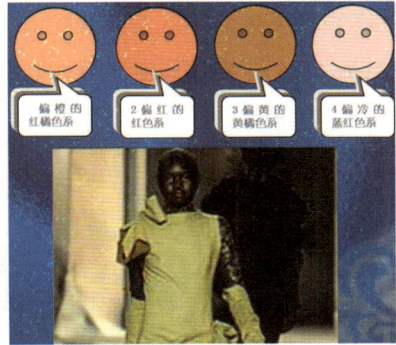

图5-51　服装色彩与肤色的关系

图5-52　护士工作服设计

图5-53　航空制服设计

图5-54 服装色彩与配饰的协调

图5-55 服装色彩与自然环境的协调

2. 服装与配饰的整体色彩搭配

服装与配饰的组合构成了着装整体形象,只有达到全面的和谐与统一才能取得完整的设计感。首先要做到色系的统一,这是保证整体和谐最重要的标准。其次,要根据设计风格的需要,考虑在明度对比方面应把握的尺度。大跨度的明度对比可以产生跳跃、活泼、醒目的视觉印象;相互接近的明度关系搭配能够产生安静、平和、文雅的感受,整体感强,同时会产生增加身高的视觉效果。适当在配饰中使用炫目的纯色或金属色,如金色的项链、胸针、腰带扣等,可以起到突出装饰部位的作用,将人的注意力集中到着装者的脸部、胸部、腰部等处,形成视觉中心(图5-54)。

3. 服装色彩与自然环境、社会环境的协调

服装色彩与自然环境的协调主要表现在四季服装的用色方面。配合季节变化规律进行服装设计,不应只关注服装的保暖性、散热性等舒适度的指向,色彩的选择也是非常重要的。春季的大自然新芽吐绿、百花争艳,人们经过了一个漫长寒冷的冬季,在春天到来的时候会感到心情舒展,也特别容易接受鲜艳的绿色系、黄色系、粉色系以及天蓝色、湖水蓝色等,纯度较高、明度较高的纯净色彩。夏季气温高,白色以及接近白色的浅色系可以反射炎热的日光,让人感到凉爽舒适。另外,炫丽缤纷的热带植物能让人联想到海滨度假,夏季的休闲装、沙滩装多采用大自然中绚丽的花朵植物的色彩进行色彩设计。秋冬季的服装用色则多以能显示出温暖感、饱满感的中性色调、深暗的暖调进行色彩配合,也与厚重的织物质感相得益彰(图5-55)。

在不同的社会环境下,服装色彩也要有与之相适应的设计,使着装者融入所处的环境中,取得和谐融洽的着装效果。工作环境中的着装要求由工作的性质决定。办公室的环境是有条理而安静的,与之相适应的着装也应当以素雅的细条纹,无彩色系,浅棕、米色等中性色系为主。工厂车间、户外执勤等以体力劳动为主的工作场合则应首先考虑设计色彩的保护性功能:蓝色、深咖啡、藏青等深色调可以耐脏,醒目的黄色、橘色、红色可以起到警示、提醒注意的作用,都是劳动

保护类服装的色彩设计中常用到的色彩。都市人群休闲活动的目的是放松身心、礼仪交往,这些活动涉及的场所包括餐厅、商场、游乐场、公园等。与这类环境相适应的色彩设计也应当以体现轻松愉悦的色彩为主,例如:牛仔蓝、舒适的绿色系、明亮的暖色系、纯净雅致的冷色系,以及设计成运动款的无彩色系,等等(图5-56)。

4. 流行色

流行色是指在一定时期和地区内,被大众广泛接受和使用的色彩和色系。每季的流行色发布都是服装行业色彩设计应用的指向标,设计者可以在当季发布的几组流行色色标中选择色彩应用于时装设计中,引导消费、促进服装产品的更迭和淘汰。流行色的应用是对过时商品的有计划地废止,它使色彩成为卖点,创造商业价值(图5-57至图5-59)。

图5-56 服装色彩与生活环境的协调

图5-57 流行色发布

图5-58 服装创意设计效果图 吴倩倩设计 王悦梅指导

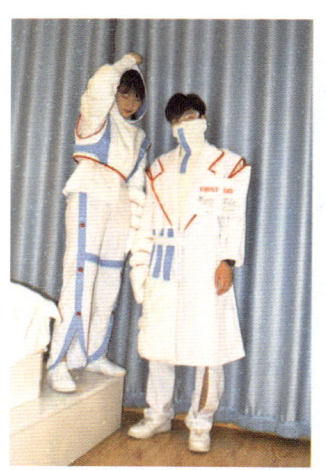

图5-59 服装设计 吴倩倩设计 王悦梅指导

三、产品设计

在工业产品设计中,要综合考虑由形、色、质统一构成的形式美感带给人的视觉感受。色彩会产生远观的第一印象,吸引消费者的注意力;形态和质感则可以在近距离接触中传递诸如触感、重量、审美风格、科技感、时尚性等更复杂的讯息。这些综合的审美感受,与人、机、环境相适应,才能取得完美和谐的造型效果。因此,在产品设计中的设计色彩应用要考虑产品的功能特点、构造特征、材质要求、加工工艺、产品使用环境等相关问题,通过色彩设计完美展现产品的功能之美、材质之美、风格之美(图5-60、图5-61)。

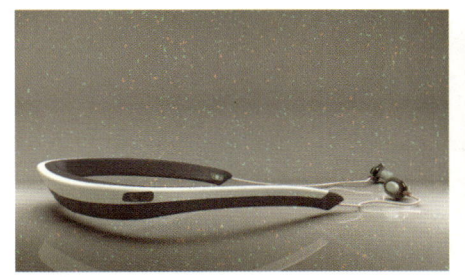
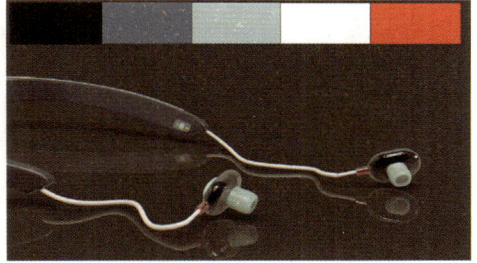

图5-60 蓝牙耳机设计 陈自明设计 张盈泓指导

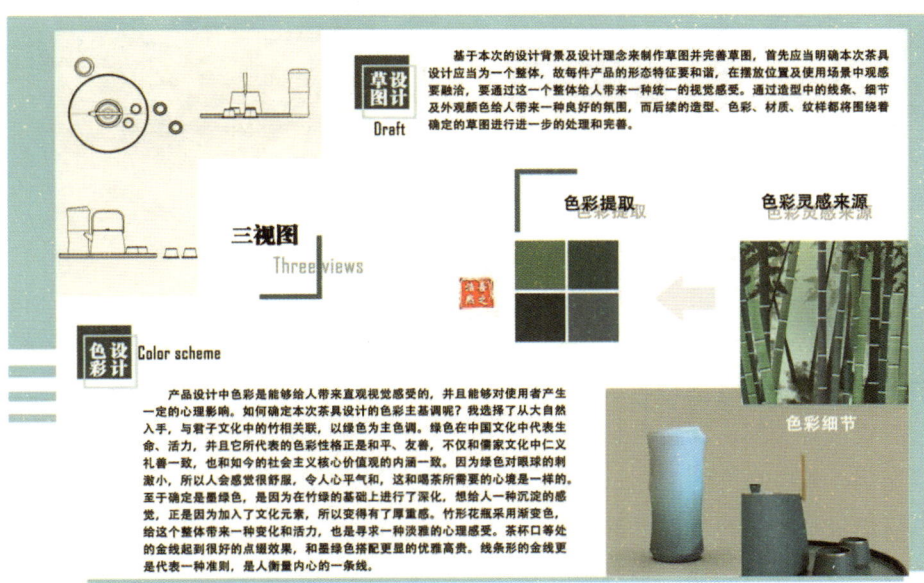

图5-61 茶具设计 王飞设计 张盈泓指导

图5-62 中式家具设计 SELET家居

例如，在家具设计中，不同风格、不同材质的家具设计与之相配合的色彩也不同。传统中式风格的家具，以形取胜、以质见长，往往辅以木雕、榫卯、螺钿镶嵌等工艺，表面不施彩漆，以展现木质天然的材质和色彩，带给人或沉厚坚固，或自然质朴，或低调奢华的视觉审美感受（图5-62）。

而近些年流行的北欧风格家具，则以简洁明快、轻松亲民的设计感，贴近现代生活中快节奏、时尚性、年轻化的消费特点。白色、灰色、黑色以及单纯明亮的黄色、绿色、玫红、湖蓝等色被广泛使用。与同色系的室内设计、

图5-63 北欧风格家具设计

床上用品设计协调配合,可以取得丰富多样的装饰效果,组合变化丰富(图5-63)。

总而言之,工业产品的色彩设计应遵循以下原则:

① 主调色彩应充分体现产品的品质感;

② 产品配件的色彩设计要遵循秩序化简约化的原则,取得整体色调的统一;

③ 色彩应用要与产品的使用环境相协调;

④ 要兼顾色彩应用的流行色因素和地域文化因素。

四、环境艺术设计

环境艺术设计包括建筑设计、室内设计、公共艺术设计、景观设计等内容。在建筑设计的色彩关系中,要综合考虑建筑物主体和附属设施的外部色彩,以及周边的自然环境、人居环境的特点进行色彩配置。在室内设计中,要根据室内空间的使用性质、需求、停留时间长短等因素,合理确定主色调。做到主体色、背景色、强调色设置合理、配比和谐。辅以灯光、软装、家具等的色彩设计,做到整体和谐统一,主题突出(图5-64)。

细分起来,室内环境色彩设计可以分为办公空间、文化教育空间、家居空间、商业空间、城市交通空间、医疗空间,等等。针对不同的室内空间,要根据其功能和用途合理配置色彩,充分利用色彩心理学的原理,发挥色彩对人的心理和情绪的影响力,创造舒适的人居环境。例如,在图书馆、教室、阅览室等文化教育空间中,应当使用明快宁静的色调,采光充足,以中性色调和浅淡的

图5-64 室内设计 胡炘秀设计 姬长武指导

冷色调为主进行色彩设计。城市交通空间需要做到疏导人流，减少人员的滞留，在色彩设计方面往往以冷感的灰色系为主色调，辅以清晰的明亮色疏导标线和标志。使人在心理感受上产生疏离感，以达到促进人员快速流动的目的。家居生活的居室空间也因功能的不同，而应采用不同的色彩设计方案。一般来说，小面积的客厅适宜采用淡雅的浅色调，以达到扩大视觉空间的效果。卧室的色彩设计不宜使用大跨度的明度对比和纯度对比，否则会显得过于喧闹。儿童房的设计则可以配置自然色系、糖果色系等纯度较高的色彩，以单纯、明亮的色彩组合营造活泼清新、欢快放松的空间气氛（图5-65）。

图5-65　儿童房的色彩设计

本章小结

　　本章概述了传统艺术、民间艺术、现代艺术中的色彩应用规律，为设计色彩的学习提供借鉴的方向，拓展艺术视野。分析了在视觉传达设计、服装设计、产品设计、环境艺术设计中色彩设计的应用原则和应用方法。阐述了广告招贴设计中的色彩应用原则。在服装设计中影响色彩设计因素的几个方面：着装者的肤色、年龄、性格、职业等个人因素；服装与配饰的整体色彩搭配；服装色彩与自然环境、社会环境的协调；流行色与色彩设计的关系。在产品设计中的设计色彩应用要考虑产品的功能特点、构造特征、材质要求、加工工艺、产品使用环境等相关问题。最后分析了环境艺术设计中几类专项设计的色彩应用方法。通过对本章的学习，可以帮助学生明确色彩设计的在实际应用中，如何针对千差万别的设计要求，进行相应的色彩设计。将色彩学理论知识应用到设计实践中。

课后思考与练习

1. 中国传统绘画要求的随类赋彩，"类"的含义是什么？
2. 广告招贴色彩设计的特点是什么？
3. 如何能做到服装色彩与社会环境的协调？
4. 以玩具设计为例，分析产品设计中的色彩应用原则。
5. 结合个人学习体会，谈谈在公共艺术设计中应当注意的色彩设计原则是什么？

第六章
学生写生作品赏析

PPT课件，
请扫码阅读

一、黑白灰归纳练习

在色彩结构关系的框架中，明度关系是基础。明度关系越清晰，色彩的识别度和形状的识别度越高。进行黑白灰归纳练习可以训练学生对明度层次的理解，通过对自然形态丰富的层次进行简化处理，学会主动控制画面的明度层次关系。对黑白灰关系的归纳，重点在于对灰色层次的概括梳理，同时调整好黑白灰各色块的面积比，形成稳定、和谐、明确的画面秩序。

图6-1作品以两个层次的灰色为主调，构成画面的黑白灰关系。画面中心部分呈十字形骨架的大面积黑色控制住了整幅画的视觉中心。花卉、矿泉水瓶等以黑白相间的环线造型点缀其间，起到了丰富画面层次、活跃画面气氛的作用。

图6-1　黑白灰归纳练习1　池海勃作　李甲指导

图6-2 黑白灰归纳练习2 李幸非作 李甲指导　　图6-3 黑白灰归纳练习3 林侃作 李甲指导

图6-2作品主要以几何抽象形态椭圆和弧线来分割画面，形成疏密有致的黑白灰块面。以大面积的灰色稳定画面，画面中心部分的方形黑色块突出了主体物，上半部分穿插其间的白色弧面轻盈明亮，消除了大面积灰色背景带来的压抑沉闷之感。

图6-3作品以水平线和大弧线贯穿画面，分割比例关系。画面左下部凝重沉稳，而与之呼应的右上部分则明亮通透。黑白灰色块的有序过渡，表现了光感和深度空间。画面中心部分几件物品形成的明暗对比，节奏简洁而清晰。整幅画结构紧凑利落、呈现理性之美。

二、限色归纳练习

限色归纳练习可以帮助学生摆脱对物象固有色的模仿，通过简化色彩图层、变换色相和色调，对画面进行色彩梳理，建立清晰明确的色彩秩序。在限色归纳练习中，一般要求将画面中每个对象的色彩限定在4到5种颜色以内，不允许使用过多的色彩描绘物体。在这一特定的要求下，作画者必然要通过色彩平涂来概括色层、对每块颜色进行分形。这一课题练习，不但可以帮助学生摆脱传统的一笔一色的写生习惯，建立色彩表达的自信；还可以训练学生通过解析色层，用点、线、面来重建形态，尝试个性化、趣味化、抽象化的形态表现。

图6-4 限色归纳练习1 陈雯妃作 于历莉指导

图6-5 限色归纳练习2 李真作 于历莉指导

图6-4作品利用色彩推移和点绘的造型方法表现物象,装饰感强。色彩以蓝橙补色对比构建色彩结构关系,同时,较好地控制了两色的面积对比关系,形成了清晰而和谐的整体画面效果。

图6-5是一幅限色练习作品,通过对有限的几种颜色有规律地反复排序,形成了富有流动性的、舒缓的节奏感,美感亦由此而生。

091
第六章
学生写生作品赏析

图6-6 限色归纳练习3 曹真真作 于历莉指导

图6-6作品以明度推移为主要表现手段,以规整的层次处理体现物品的体积和明暗,秩序感强。协调的蓝紫色系邻近色与桌面的橙灰色形成了适度的色相对比关系。以纵向线骨架为主的构图使画面产生了生机与活力。

图6-7 限色归纳练习4 栢禾作 于历莉指导

图6-7作品中的造型简洁单纯，使用了平面化的方式表现陶器轮廓特征，大面积平涂保持了物象的基本形态。画面中心部分以红蓝色块的对比色冲突形成视觉焦点，周围色块则以冷灰色系为主的色彩并置较好地控制了平衡感。

图6-8 限色归纳练习5 吴雨纯作 于历莉指导

图6-8作品借鉴了照片修饰软件的处理效果，简化概括了整体色彩关系，以大面积的灰色系稳定画面，黑色轮廓勾勒出阴影部分的形态，亦突出了轮廓的完整性。两块橙蓝对比的衬布形成画面的色彩中心。

第六章
学生写生作品赏析

093

图6-9 限色归纳练习6 董妍妍 作 于历莉指导

图6-9作品借鉴了印象派画家修拉的点彩画法,为了达成限色的要求,只以单色加白形成不同明度的色点进行造型,先以深色的色点定出轮廓,然后以层层加白变浅的明度推移色点铺展至整幅画面,表现出层次空间和体积厚度。整幅作品风格清新明朗、简练生动。

三、变调练习

变调练习是指通过整合画面色彩结构关系，对自然物象丰富而纷杂的色彩关系进行概括和取舍。在简化色彩关系、突出主色调的要求下，必然要对不能入调的色彩进行变色变调处理，才能取得整体色调的和谐与统一。变调和变色可以通过调整色彩冷暖、降低色彩纯度、弱化明度对比、置换物体固有色等方法进行调整。

图6-10　变调练习1　谢萍作　于历莉指导

图6-11　变调练习2　管帅作　于历莉指导

图6-10作品通过改变器皿的冷暖倾向配合桌面和背景的大面积蓝色调，使整幅画统一在以蓝色系为主的冷色关系中，统一而和谐。在笔触的处理上，利用画纸的粗糙质地，多层干擦形成丰富的色彩肌理，使画面既有装饰性又有绘画性。

图6-11作品为了统一画面色调，作者有意将静物组合中不易入调的色彩置换掉了，只保留了以红绿色相对比为主的色彩关系，整洁大气。在统一色调关系的同时，也对形态进行了规整，以流畅饱满的弧线和橄榄型处理所有的造型关系，形成了舒缓而又活泼的韵律美感。

图6-12 变调练习3 王燕作 于历莉指导

图6-12作品强调了线型波浪排列形成的韵律和节奏，在主线上均匀排列的器物如同乐谱上展开的音符，为了突出主体物，以色谱中的纯色橙、黄、绿、蓝、紫替换了物体本来的固有色，单纯、稚趣又丰富、和谐。

四、综合练习

在综合练习中，可以灵活运用各种装饰手段来展现个性化的表现语言。通过归纳、整平化、装饰添加、变形、变色、换色、变调、机理制作等方式改变自然形态。设计色彩写生就是综合运用上述的表现语言，主动地设计画面、控制色彩结构关系，超越写实性，最终达成个性化、装饰化、趣味化的艺术表现。

图6-13 综合练习1 高允娜作 于历莉指导

图6-14 综合练习2 管帅作 于历莉指导

图6-15 综合练习3 李辉妹作 于历莉指导

099 第六章 学生写生作品赏析

图6-16 综合练习4 刘文娟作 于历莉指导

图6-17 综合练习5 刘真真作 于历莉指导

图6-18 综合练习6 马佩琪作 于历莉指导

101

第六章
学生写生作品赏析

图6-19 综合练习7 时涛作 于历莉指导

图6-20 综合练习8 苏文秀作 于历莉指导

图6-21 综合练习9 孙延军作 于历莉指导

图6-22 综合练习10 腾圆圆作 于历莉指导

图6-23 综合练习11 王舒悦作 于历莉指导

图6-24 综合练习12 韦国胜作 于历莉指导

第六章
学生写生作品赏析

图6-25 综合练习13 王伟作 于历莉指导

图6-26 综合练习14 王允萱作 于历莉指导

图6-27　综合练习15　徐敏作　于历莉指导

图6-28　综合练习16　杨倩作　于历莉指导

图6-29 综合练习17 俞翔作 于历莉指导

图6-30 综合练习18 张丽丽作 于历莉指导

图6-31 综合练习19 周浩作 于历莉指导

109
第六章
学生写生作品赏析

图6-32 综合练习20 佚名 于历莉指导

图6-33 综合练习21 佚名 于历莉指导

图6-34 综合练习22 佚名 于历莉指导

图6-35 综合练习23 佚名 于历莉指导

参考文献 REFERENCES

［1］［英］E. H. 贡布里希. 艺术的故事［M］. 范景中，译. 南宁：广西美术出版社，2016.

［2］［英］赫伯特·里德. 现代绘画简史［M］. 洪潇亭，译，南宁：广西美术出版社，2015.

［3］［瑞士］约翰内斯·伊顿. 色彩艺术：色彩的主观经验与客观原理［M］. 杜定宇，译. 北京：世界图书北京出版公司，1999.

［4］［法］杰克·得·弗拉姆. 马蒂斯论艺术［M］. 欧阳英，译. 郑州：河南美术出版社，1987.

［5］［俄］康定斯基. 艺术中的精神［M］. 李政文，魏大海，译. 北京：中国人民大学出版社，2003.

［6］辛华泉. 形态构成学［M］. 杭州：中国美术学院出版社，1999.

［7］周至禹. 形式基础［M］. 北京：高等教育出版社，2007.

［8］张继渝. 设计色彩［M］. 重庆：重庆大学出版社，2002.

［9］孙为平. 色彩归纳写生［M］. 北京：北京工艺美术出版社，2004.

［10］赵勤国. 色彩形式语言［M］. 济南：山东美术出版社，2002.

［11］潘鲁生，唐家路. 民艺学概论［M］. 济南：山东教育出版社，2012.

［12］何滢，王兴业，江哲丰. 中国民间美术教程［M］. 北京：海洋出版社，2018.

［13］［英］马丁·盖福特. 更大的信息：戴维·霍克尼谈艺录［M］. 王飞燕，译. 上海：上海人民美术出版社，2013.

［14］钟茂兰. 民间染织美术［M］. 北京：中国纺织出版社，2002.

［15］钟茂兰. 中国少数民族服饰［M］. 北京：中国纺织出版社，2006.